壞習慣的正面力量？

科學認證！壞習慣其實好處多多

理查・史提芬斯｜著
Richard Stephens
徐　昊｜譯

獻詞

本書要獻給我最愛的爸媽貝蒂和艾倫、還有我的妻子瑪麗亞，最後要特別提到我們家裡最小一代的成員，珍娜、勞倫、李歐尼、亞畢蓋兒和剛出世的諾亞。

謝詞

在此感謝瑪麗亞．葛蘭特、傑米．喬瑟夫、尼可拉．瓊斯、艾恩．坎貝爾和馬汀．弗里歇等人幫忙替本書出主意。同樣感謝馬克．亞伯拉罕、詹姆士．哈特利和麥可．莫瑞在撰寫過程當中給了我許多建議與鼓勵。另外還要感謝動作快速又精準的編輯愛莉森．皮克林。我還想感謝我女兒的小學老師——布利文特先生，提供「公平測試」的科學概念。最後，我要誠心感謝我在基爾大學的學生們，謝謝他們散發活力和熱忱，同時也感謝他們讓我跟得上瞬息萬變的心理研究腳步。

目次
CONTENTS

目次
CONTENTS

Case7 Waste time
不要跟別人說 我其實閒閒沒事做

Case8 Die hard
置之死地而後生

前言

我認識有個傢伙不煙不酒、不碰性愛也不大魚大肉。他的身體一直都很健康，直到他自殺的那一天。

——節目主持人、喜劇演員、作家、製作人、演員兼音樂家一強尼・卡森

在這個資訊的年代，我們隨時都被各類事實、數字和意見所淹沒。什麼可以吃、什麼不能吃；怎樣可以、怎樣不行，資訊的流通毫不留情。在一片資訊海當中，漸漸浮現了要如何「保持健康」的說法：不喝酒、不吃高脂肪食物、定期運動。這種說法似乎在叫我們什麼風險都別冒，但這樣人生有什麼樂趣？有書或電影的主題是在講主角打死不肯冒險的嗎？

身為人類，我們必須冒些風險才能感受活著的意義。當然，關鍵就在於風險的選擇：最終會帶來益處的風險才好，記得別冒會讓我們丟了小命的風險。通常大家都認為冒險是不負責任的不當行為，但是其實要壞也有其意想不到的好處，而且影響範圍不只個人，甚至更廣泛。我敢這麼說是因為我有科學根據，就像以下的例子：

一九八〇年代初期，有位教授冒了點險，讓普普通通的會議簡報成了獨特又令人難忘的體驗。他的演講主題是：「勃起障礙的血管注射治療法」，此主題在美國泌尿科學會的年會上不算少見，但在演講開始後，有些聽眾覺得他不合宜的非正式服裝相當奇怪，與學術盛會的演講者身份一點也不搭。然當演講大約進行了一半之後，講者選擇此套服裝的原因才逐漸浮上檯面。戴著眼鏡的老教授從講台後方走了出來，在眾人驚呼之中將跨下的運動褲拉緊。此舉讓驚聲尖叫又心存懷疑的聽眾瞭解了兩件事：一、講者選擇使用自己的陰莖作為調查目標；二、他的研究進度似乎相當順利……

現在來想像另一個畫面。春天剛到，一所大學的心理系系主任在走廊上漫步。學校裡的大學生正在進行實驗，以便寫出畢業論文。教授從微開的門縫當中聽到回答問題的細語、鍵盤的喀答聲、甚至還有學生測試假說和推測時的音樂聲。不過，從其中一道門後傳來的聲音特別引人注意，教授因此停下動作，想知道門後的學生到底在幹嘛。空蕩蕩的大學走廊上竟然傳出了清楚但刻意壓低的聲音：「幹、幹、幹……」。我承認，那是我的實驗室，那些學生正在進行我探討髒話隱藏好處的研究，最後竟意外地發現髒話能讓我們增加疼痛的容忍度。

現在想像你正在開車。天氣相當晴朗，雖然旁邊有其他幾輛車，不過交通還是相當順暢。想像你從一座橫向的高架橋下通過，我要你停下動作，觀察眼前的景象：橋下的風景、擋風玻璃、車內的模樣、你自己的身體。你的手現在在幹嘛？雙手都在方向盤上嗎？說不定你的一隻手在排檔桿上，或者垂在窗戶外頭。紐西蘭坎特伯里大學的心理學家觀察了許多通過相似高架橋下的車輛，他們可以依據你握方向盤的方式，得知你是怎樣的駕駛，以及你可能出車禍的機率。很明顯，單手開車絕對不是件好事，但科學家在研究當中找到了一項意料外的好處：從方向盤握法這般簡單的事，就能看出你有多少機會出車禍。

除了為壞習慣的意外好處提供科學見解之外，上方的段落還讓我們大致瞭解了心理學家如何進行實驗。在我撰寫本書的期間，美國心理學會的 PsycINFO® 資料庫收錄了全球超過三百萬篇出版心理研究報告。研究主題從社會放逐（social ostracism）到情緒智力（emotional intelligence），從音樂欣賞到疼痛知覺、從宗教到死亡等等，無所不包。這些研究是人類經驗的縮影，從當中還可看出心理學家的世界跟研究對象的真實世界一樣多采多姿。心理學界欲透過研究瞭解各式各樣與人類相關的問題。舉例來說，心理學家想研究的範圍包括性愛（性吸引力的原理為何？）、成癮（飲酒問題從何而來？）還有說髒話（罵髒話有特定目的嗎？）等等。不管你有興趣的是哪種人類活動，八成有心理學研究報告能夠為你解答。

本書當中充滿了來自全世界心理學界的新奇故事，藉此闡明小惡習的意外好處。我盡可能準確描述本書當中所提到的科學知識，但是當中還是有些須注意的地方——我在有些地方簡化了研究描述，並無完整呈現、討論研究的所有細節，僅提及相關的部分。我之所以這麼做，只是為了淺顯易懂地解釋科學概念，讓讀者能夠理解。另外，我並沒有針對同一主題鉅細靡遺地找出所有相關研究。有時出版的研究結果可能為X，但是後續實驗卻無法重現相同結果。這情形難免發生，科學界充滿了矛盾，心理學也不例外。我討論了數項此類研究（像是第七章當中針對嚼口香糖是否紓壓的矛盾研究）。但是，本書為科普書籍，目標為講述研究當中的有趣故事，因此我可能有所遺漏。請別將本書當中所說的話視為聖經般深信不疑。

大家經常針對政治、音樂或體育交流意見，但科學卻鮮少出現在話題當中。

不過，現在有些文化運動試圖將科學帶入主流，增加現代生活當中一般大眾的「科普」知識。當中的例子包括了《流言終結者》（Mythbusters）和《達拉・歐布萊恩的科學俱樂部》（Dara O'Briain's Science Club）等電視節目，以及「科學咖啡館」和「酒吧的懷疑理論」等夜晚現場活動。我認為其中一個癥結在於大眾對於科學的認知；提到科學，一般人都會想到實驗衣、高科技產品和有如天書的方程式，但是那些東西並非科學的核心，科學的核心其實相當簡單：科學家做實驗時，只是想要針對某個現象的問題進行公平測試，僅此而已。

我真心希望我能夠藉由本書的文字，將此道理傳達給各位讀者，並且激起讀者對於心理研究的興趣。本書的主題包括性愛、癮頭、罵髒話和開快車。從塗鴉到嚼口香糖，從走天橋到搭雲霄飛車，本書中揭露了各種活動的意外好處。一路上將會有羅曼史、冒險、擦身而過的死亡經驗、還有豐富的有趣想法以及引人入勝的研究結果，肯定讓各位跌破眼鏡。這是一道通往心理學的大門，你要不要踏出第一步呢？

理查・史提芬斯

二〇一五年二月筆

Case1
Sleep around
你腦子裡在想色色的事嗎？

一九八三年，美國泌尿科醫學會於拉斯維加斯舉辦年會。黃昏時分，身著正式套裝與晚宴禮服的科學家，帶著另一半魚貫於觀眾席內入座，準備參加會議晚宴。當天最後一場演講的題目為「勃起障礙的血管注射治療法」，介紹一種直接於陰莖注射藥物的不舉療法。勞倫斯・克洛茨（Laurence Klotz）參加了該場演講，事後還出版了回憶錄，就他所言，簡報呈現結果的進行方式相當特別，而且令人永生難忘〔請參閱 Klotz 〕。

講者為倫敦國王學院精神醫療研究機構的布林德利教授（G. S. Brindley）。演講進行的途中，部分聽眾反映講者當晚的衣著隨性地非常突兀，但螢幕上不斷出現生動又露骨的投影片，因此觀眾很快也就忘了這回事。從數量眾多的投影片上可看到勃起藥物的顯著效果，但是有受過科學訓練的人都知道，圖片再多說服力還是有限。講者似乎也意識到這個問題，因此向觀眾問了個奇怪的問題：「一般人會因為上台演講而興奮勃起嗎？」台下聽眾搖了搖頭，布林德利緊接著向聽眾宣布，他在上台演講前自己將藥物注射進了陰莖裡，整個會議因此朝著讓人跌破眼鏡的方向發展。

觀眾都還沒回過神來，年老又戴著眼鏡的教授就從講台後面走了出來，並且在眾人驚呼之中，拉緊胯下寬鬆的運動褲。他接下來的舉動讓人難以分辨是勇敢還是愚蠢，布林德利教授似乎依然不滿意演示結果，做了從無講者做過的事：脫下長褲與內褲，更進一步展示他驚人的研究成果。女性聽眾的尖叫聲都還沒完全停止，教授就已經拖著腳邊的褲子，朝著第一排前進，想讓座上的聽眾親眼「見證腫脹的程度」。不過，演講廳的狀況已完全失控，他才沒走幾步便打消了這個主意。他重新穿上褲子，回到講台後方，匆匆為演講收尾，不過此舉已經創下了歷史記錄。根據吉爾斯・布林德利的維基百科頁面記載，雖然他在各種科學領域上曾經達成多樣成就，但是他最有名的事蹟依然是這場最奇特又令人難忘的簡報。

但是，聽眾的反應為何會這麼歇斯底里呢？這是因為自聖經時期起，各種型態的性行為便成了社會上難以啟齒的事情。舉例來說，創世紀38：9條述：「俄南（Onan）知道生子不歸自己、所以同房的時候、便遺在地、免得給他哥哥留後。俄南所作的、在耶和華眼中看為惡、耶和華也就叫他死了。」

這一段文字描述了俄南避免使他大嫂懷孕的過程，「自慰」（Onanism）一字的英文因此從中而生，眾人皆將這段聖經章節解讀為視自慰為惡。從這段文字當中可看出，聖經認為性行為是不好的。

不過，時代不斷地在改變，自一九六〇年代的反文化革命起，人們對於性的態度也逐漸寬鬆。反文化革命的內容包羅萬象，帶來新音樂類型、讓社會更能接受娛樂性藥物的使用、培育女性主義興起、激發言論自由與公民權、讓大眾認同革命和反戰情感，最後還有性觀念的革命，當中包含婚前性行為和同性戀的解放運動。今日，「性」已經成為主流文化的一部分，但是二十一世紀都過了五分之一，性的話題竟然還是會在公眾場合造成尷尬氣氛。不信的話，想像你青少年時期跟爸媽一起看電視的情形，電影裡出現性愛場景時，整個空間簡直像被凍結一般，親子雙方頓時都不知道該如何是好。跟性有關的話題就是這麼地讓人尷尬，聰明的科學家應該最清楚這點，但卻親身學了慘痛的一課。

布林德利的小故事證明了連科學都會受到禁忌與政治的影響。不過，研究性事的許多障礙已經逐漸排除，像是特定性行為不久前皆一一除罪化，因此科學界對於性科學逐漸有了興趣。一九四〇年代，生物學家金賽（Kinsey）便是性研究的先驅，他的調查結果具有相當爭議性，揭露美國中產階級有高比例的人會從事禁忌性行為，例如自慰和口交。不久後，一九六〇年代的美國醫學與心理學研究團隊，梅斯特司與強森（Masters and Johnson）首次在自己的實驗室裡親自近距離觀察、測量人類性活動。

現今的性研究規模可大可小，部分研究僅給志願受試者觀看色情影片，部分研究則是請受試者現場從事性行為。研究參與者會在性愛中與性愛後接受大腦掃描、心理評量等測驗。這代表現今的研究基礎可以讓我們進一步瞭解性活動在各方面帶來的好處，而我指的可不只有最明顯的繁殖用途。性興奮的狀態可以帶來許多有用（和一些沒什麼用）的副作用。先來個簡單的問題吧：你想過做愛時大腦究竟是怎麼活動嗎？

為什麼做愛被喻為「邊哼歌邊踢了死神一腳」？

加州史丹佛大學的研究員欲探討性興奮是如何活化大腦的不同部分（請參閱 Arnow et al.）。他們的研究方法相當直接：找來幾位年輕男子觀賞色情電影，同時進行功能性磁振造影（functional magnetic imaging）腦部掃描。磁振造影的原理是將體內的原子磁化，產生體內器官影像。功能性磁振造影（縮寫簡稱fMRI）進一步利用血氧濃度偵測細胞內的變化活動。從 fMRI 腦部掃描可看出人類進行不同任務和活動時，腦部會有哪些區塊活化。

本研究使用的色情電影內容為情侶性交、口交。研究員拿不定主意，不確定該使用數段兩分鐘的色情短片或是九分鐘的長片，於是他們兩種都嘗試。結果，這問題到頭來似乎根本不重要，因為兩種影片長度都可以全程達到讓人性興奮的效果。研究員另外使用運動影片作為對照，內容為美式足球和棒球比賽的片段。

除此之外，受試者的陰莖上套了特別設計的電子伸縮護套測量血壓，以客觀測量每位年輕男子對於電影中的「身體興趣」程度，專業術語稱為「陰莖膨脹度」（penile turgidity）。陰莖勃起的程度竟然有個科學術語，而且勃起越顯著、膨脹度就越高，這發現實在是讓我這科學怪咖興奮不已。

所以呢，性興奮時大腦裡究竟是怎麼一回事？看色情片性興奮時被活化的腦部區域包括視覺區（visual areas）；專注四周環境的特定區域會活化的前扣帶腦迴（anterior cingulate gyrus）；整合體溫、飢餓、口渴、疲勞和睡眠的下視丘

（hypothalamus）；以及大腦獎賞路徑（reward pathways）的一部分，稱為尾核（caudate nucleus）和腦島（insula）的結構。最後兩者相當有趣，因為它們在觀賞色情片和運動影片時都會活化，但這並不代表男性會因為運動而性興奮。大腦裡的「獎賞路徑」可以經由許多刺激而活化，這點已經由許多實驗所證實。

研究顯示，尾核會在期待拿到金錢時活化，因此被認為是獎賞迴路（reward circuit）的一部分。腦島則是在吸食古柯鹼後會活化，因此亦被歸於獎賞迴路之內。獎賞迴路內的其他大腦結構包括前扣帶迴（anterior cingulate）與殼核（putamen）。格拉斯哥大學〔請參閱 McLean et al.〕進行研究，找來男性蘇格蘭足球球迷，觀賞支持隊伍射門的影片（與擦邊和中場傳球的影片比較），因此確認了這兩部分大腦結構會活化。這些獎賞區域會因為各種刺激而活化，其中包括觀賞色情片，而這證明了一件明顯的事情：性興奮會讓人有獲得獎賞的感覺。因此，科學實驗驗證了一項大家都知道的理論：性愛很令人享受。

的確，作家查理．布考斯基（Charles Bukoski）曾將做愛比喻為「邊哼歌邊踢了死神一腳」。很明顯，與他人做愛的強烈快感和看色情片獲得性興奮相比，有著很大的差別。性愛時的大腦反應跟性興奮一樣嗎？男性和女性之間有差別嗎？舉例來說（稍後也將詳述），男性在性愛上比較重視視覺效果，女性則偏好觸覺感受。信不信由你，荷蘭有群腦神經學家曾經進行過一項研究，請來男女受試者在做愛時同時接受腦部掃描。

男女最相似的時候

荷蘭格羅寧根大學的研究員（請參閱 Georgiadis et al ）邀請情侶參與實驗，在進行性行為時，其中一人接受正子造影術（Positro Emission Tomography, PET）的腦部掃描。此種掃描會將放射性追蹤劑注入受試者的血液，追蹤劑會顯示在機器所製造出的影像裡。腦部當中血流量增加的區域，推論為使用量較大的部分，代表該區域與目前正在進行的活動有很大的關連。

情侶當中接受腦部掃描的那方肯定算是賺到了。他們坐在一張舒適的椅子上，閉上雙眼，享受伴侶所給予的性刺激。他們的伴侶得花點心思，給予對方的生殖器（男性為陰莖，女性為陰蒂）足夠的刺激，好讓對方維持性興奮的狀態，最終達到性高潮。為減少實驗不想要的效果，研究者要求情侶在掃描進行時不能使用言語溝通。雖然多了這些限制，而且做愛的環境還非比尋常，不過受試者同意他們的性經驗與一般沒什麼太大的差異。研究員欲探討的是男性與女性在性興奮與性高潮時，大腦活動的相同與相異處。

與上一個觀賞色情影片的研究相比，做愛時的腦部活動有數項差異。最明顯的性別差異發生在高潮前。此時男性的右後部帶狀核（right posterior claustrum）比女性來的活化許多。大腦的此處專門整合不同感官（如觸覺和視覺），該處的活化則進一步證明了男性在性方面比女性更重視視覺效果。在另一方面，女性的左頂葉皮質（left parietal cortex）後方則活化程度增加，此處為感官與運動區的主要交界處，同時也是額葉的運動皮質區。這些男女性的差異也許能以「鏡像神經元理論」（mirror neuron theory）解釋，此理論表示，大腦裡與肌肉運動相關的區域不只會在動作時活化，在看別人動作時也會間接受到活化。此間接活化的現象可能是鏡像效應。伴侶刺激生殖器時，女性的運動皮質活化，暗示了女性或許比男性更能感受到他人的觀點。女性似乎會在神經元層面上模仿伴侶的動作。

但是，此篇報告當中我最感興趣的，並非男女性在性興奮時的大腦活動差異，而是在性高潮時的相似點。男女性的眼窩額葉皮質（orbitofrontal cortex）在性高潮的時刻，皆會明顯地「去活化」。眼窩額葉皮質活化時主掌衝動控制、胃口、自我管控與自我反思的想法。眼窩額葉皮質去活化會導致相反的狀態：無法壓抑衝動、沒有食慾（感到飽足）、以及缺少自我管控與反思的想法，達到較為無拘無束的精神狀態。

男性和女性對於世界的觀點看似相差甚遠，男女判讀情境的方式大異其趣，兩性專家約翰．格雷（John Gray）的大作《男人來自火星，女人來自金星：男女大不同》（Men Are from Mars, Women Are from Venus）精簡闡述了這點。男人是否有可能知道作為女性的感受？女人能否瞭解有著男性身體的感覺？通常答案是否定的，但或許在特定時刻，兩性的想法相差不遠。對兩性來說，高潮的感受相當相似，連衛生專家（婦產科學家、外科醫生和心理學家）都無法分辨兩性對於性高潮的言語描述有何差異。說不定高潮時去活化的大腦狀態，正是男女兩性大腦最相似的一刻。性愛的意外好處便為男女性因為相同的高潮精神感受而合而為一，說不定性高潮的時刻為我們與異性最相近的片刻。

但是，除了此心理層面的益處之外，閨房之樂也會帶來其他生理層面的益處。

皺眉、怒容與怪相——性愛幫你鍛鍊臉部肌肉

伊娃．法萊瑟（Eva Fraser）等美療師建議各位定期做臉部運動，以維持臉部肌肉的緊實與健康。她表示，臉部肌肉也可像身體他處的肌肉一樣增強，減少細紋與皺紋、讓臉頰更為圓潤、下巴更為緊實強壯、還能緊緻眼瞼。這些好處能讓外貌年輕健康，達到人人都想要的效果，但此番言論是真的嗎？如果人氣是成功的準則，那答案便為肯定，因為伊娃．法萊瑟的書《臉部鍛鍊》（Facial Workout）超過二十年來不斷再刷出版。書中建議讀者每天空出十分鐘，進行提眉、收下巴等各種臉部運動。就我個人來說，我不會做這種事情，畢竟我實在無法日復一日、持之以恆地進行任何種類的運動。但是，這本書讓我思考是否有其他更有趣的方式能鍛鍊這些臉頰肌肉。

如先前所述，自梅斯特司與強森於一九六〇年代，進行直接觀察幾百對情侶性行為的先驅研究之後，心理學家便對性愛時的臉部表情產生了興趣。多虧梅斯特司與強森的觀察，我們知道性愛反應一共有四個階段：性興奮剛開始、持續增加的期間（性興奮期）；高潮前一刻、興奮程度提高的期間（高原期）；高潮（性高潮期）；以及高潮後、放鬆並重新注意四周環境的期間（性消退期）。

研究員在實驗室裡近距離觀察情侶做愛時，發現了一件事情。他們不禁注意到受試者誇張的臉部表情，尤其是在高原期與性高潮期。最不尋常的是，相較於性高潮通常有的快樂與狂喜主觀體驗，同意接受觀察的情侶在達到性滿足的最親密片刻，卻做出了皺眉、怒容和怪相等表情。

馬德里自治大學的心理學家近期進行了新的性愛臉部表情研究（請參閱Fernández-Dols et al）。他們聽說有個網站供使用者上傳高潮時的自拍臉部表情影片——www.beautifulagony.com，於是從網站上取得了一百段影片，仔細標下不同性愛反應階段的臉部表情（性興奮期、高原期、性高潮期或性消退期）。他們發現有幾個臉部動作經常在高原期與性高潮期出現，包括「閉眼」（於百分之九十二的短片中出現）；「張大嘴巴」（於百分之七十九的短片中出現）；「皺眉」（於百分之六十四的短片中出現）；以及「嘴唇微開」（於百分之四十五的短片中出現）。

有趣的是，不同的網站使用者其臉部表情組合也相當不一樣，代表性愛時的整體臉部表情會因人而異。這些性愛臉部表情和痛苦時的臉部表情竟然有驚人的相似程度，尤其是緊閉雙眼、提高上唇、張大嘴巴等動作。究竟為什麼我們會在這麼歡愉的片刻扭曲五官呢？

研究當中提出了兩種不同的精彩解釋。其中一種解釋表示臉部表情能夠調節過度刺激的感官體驗。換句話說，經歷性愛與痛楚時，我們閉上眼睛以減少感官輸入（切斷視覺刺激），以讓感官體驗更容易控制。另一種解釋則表示，在這兩種情況之下，觀察到的臉部動作皆為非自願行為，會出現只是因為肌肉收放程序不斷重複而已。此假設也可解釋性愛與痛楚的表情為何會相似：這些表情並非表達情感，不像微笑一樣是在明顯表達快樂的情緒，而是由非自願肌肉痙攣所造成的意外反應。這兩種說法的爭論仍未有明確定論，很明顯「需要進一步研究」。

可是，多虧了這些網路使用者上傳自己親密片刻的影片（以及多虧心理學家觀察分析影片），我們有了確鑿的科學證據，記錄下了人類性愛的表情。不管這些欣喜時的皺眉怪相有何功能，做愛的確是個鍛鍊臉部肌肉的絕佳良機。要點小壞、四處拈花惹草的意外好處便為鍛鍊臉部肌肉，讓你的臉看起來年輕又緊實。

這還不是大汗淋漓的性愛可以帶來的唯一生理益處。性愛還有陰暗的一面，最出名的例子便為薩德侯爵（Marquis de Sade）與利奧波德．馮．薩克—馬索克（Leopold von Sacher-Masoch），兩人撰寫了許多性虐待與被虐的小說，同時也親身從事這種活動。他們的著作證明了性愛與痛楚的歷史淵源已久。但性愛真的跟痛楚有關連嗎？一部分的研究流派證明兩者的確有關連，因為性愛時對於痛楚的容忍度會增強。

美妙的爽痛感

紐瓦克羅格斯大學的動物行為學家〔請參閱 Whipple & Komisaruk〕進行研

究，在動物界中尋找有潛力使用在人類身上的自然麻醉劑。他們發現，若同時刺激母老鼠的陰道，母老鼠則會產生較少的痛楚反應，例如發聲或甩尾巴等動作。表面上，這個研究看起來似乎詭異到不行，他們一開始究竟是從哪裡得到這個點子的？可惜他們的研究報告上並沒有給出答案。不過，減輕痛苦的研究方向對人類絕對有益處，就讓我們先假設這些學者立意良善吧。動物研究有個問題，那就是受試的動物（當然）沒辦法口頭回報受試情況。研究員無法排除一種可能性：或許陰道刺激本身也很痛苦，因此轉移了其他痛覺的感受。要確認陰道刺激是否能減輕痛楚、同時又不會產生其他不適感，可能的測試方式只有一種。

學者找來了女性受試者，請他們接受同樣的試驗。痛覺感知的測驗流程使用了一種特殊裝置，使用螺旋機制在指甲上施加壓力，就像是歐洲中古時期拇指夾等酷刑工具的現代版。學者欲得知的是能產生疼痛感的壓力程度（即疼痛門檻，pain detection threshold），以及開口要求停止前所能承受的壓力程度（即疼痛耐力，pain tolerance）。接受此流程時，取得性受試者同意使用臉部按摩器刺激自己的私密部位。

我承認，我上網搜尋了一下後才知道臉部按摩器是什麼東西。臉部按摩器是以金屬或塑膠製作、須裝電池驅動的震動圓柱型用具，用來刺激臉部肌膚，以消除皺紋，讓皮膚緊緻、恢復彈性。不過，全身上下可不只有臉部可以用這種用具。除了加鋪地毯與調暗燈光外，研究報告並未詳述用了什麼方式來保護受試女性的隱私，讓她們安心進行如此私密的行為，不過，實驗證實所有受試者都不會認為此要求會帶來任何壓力。

學者發現，使用按摩器刺激陰道時，疼痛門檻上升了百分之四十二，疼痛耐力上升了百分之三十。但是，實驗組（刺激陰道）與控制組（無刺激）用尼龍刷輕撫手背的觸摸門檻（touch threshold）並無不同。第二次的研究延長了女性使用按摩器的時間，目標是達到高潮。四位女性達到了高潮，而且高潮時的疼痛門檻比無刺激時還高了百分之一百零七，疼痛耐力則比無刺激時增加了百分之七十五。另外，觸摸門檻同樣不變。

學者欲得知先前以老鼠進行的實驗是否能在人類身上得到同樣效果，而他們得到了肯定的答案。女性使用按摩器刺激陰道時，較感受不到拇指夾的疼痛，而且，性刺激本身並不會造成痛楚。除此之外，學者也排除了性刺激造成注意力分散的一大可能性，因為女性被觸摸的敏感度並無改變，感受到毛刷刷過手背的門檻跟一般時候相同。此篇研究報告提出了兩個可能原因，解釋陰道刺激為何能減少對疼痛的敏感度。一、性刺激引起快感，釋放神經傳導物血清素（serotonin）與正腎上腺素（norepinephrine），產生自然的止痛效果。二、刺激陰道時疼痛敏感度減少的情形可能與性興奮完全無關，然而卻與分娩相關，因為分娩與性愛同樣包含大量的陰道推擠動作。其他研究證明女性的疼痛門檻會在懷孕時提高，與第二種解釋的想法不謀而合。目前我們仍無法得知此理論是否正確，但是若要找出答案，最直接的方式就是看看生殖器刺激是否會影響男性的疼痛門檻。如果減緩疼痛的效果與分娩有關，那麼男性應該不會感到同樣效果。希望很快便有學者進行此項實驗。

目前為止，我們知道了性愛能提供意外的臉部鍛鍊機會，還能讓人更能容忍疼痛。但是，性愛與體力息息相關，如此耗力的活動可能會產生其代價。有些動物研究證實的確如此，但是也有例外。事實上，有時性愛的機會甚至能讓我們發揮比平常更高的體能極限。為了進一步瞭解詳情，我們要前往澳洲，見見一種性生活開放但又生性害羞的烏賊。

上了又上，新的伴侶更來勁

做愛需要用上大量的能量，事後難免會感到身體疲勞、疲倦。澳洲墨爾本大學動物學系的學者近距離觀察了墨豆仔烏賊（dumpling squid）的性行為之後，證實了這一點（請參閱 Franklin et al ）。他們將活體烏賊放置在水裡的試管中，觀察牠們逆流游泳。試管的底部蓋上了一層網眼，烏賊游了一陣子、感到疲倦了之後，就會停止游泳，在網眼上休息。此時，學者會使用三根測試棒輕輕地催促烏賊繼續游泳，但到了最後，就算受到刺激，烏賊也會精疲力盡到無法繼續游泳。此實驗以簡單又有效的科學方式，將動物行為量化。在逆著水流游泳的狀況之下，烏賊平均需要兩分整（一百二十秒）的時間才會精疲力盡。

在主實驗裡，學者將公烏賊與母烏賊放置在同一個水缸裡，通常牠們三十分鐘內就會開始交媾。研究報告當中還寫道，實驗者會在簾幕後面觀察交配的烏賊，以免打擾到牠們，我還不知道連烏賊也會害羞哩！交配之後，烏賊馬上接受逆流游泳的體能挑戰。這一次，烏賊精疲力盡的時間減半為六十秒。烏賊在交配之後用光力氣，較無法逆流游泳。這個研究相當直接，而且結果一點也不需要解釋，但是卻提供了客觀的科學證據，證明了性愛的確需要消耗能量。

研究動物行為的確可以得到許多收穫。舉例來說，老鼠的活動力同樣也會在交配之後降低，不過並非每次都是如此。其實，老鼠的研究顯示了有個很棒的辦法，可以解決做愛消耗精力的問題：那就是繼續做愛。稍後我將會詳加解釋，但首先我要說個與美國總統有關的故事。

小約翰．卡爾文．柯立芝（John Calvin Coolidge Jr.）於一九二三至一九二九年擔任美國總統一職。柯立芝在任期之內，讓美國的經濟有了前所未見的成長，被稱為「咆哮的二〇年代」。柯立芝是位名留青史的政治領袖，他的事蹟到今日都仍為人津津樂道，不過，他卻有項事蹟較不為人知：因為一起意外的事件，他的名字因此被用來命名一種心理生物學現象。當時柯立芝總統與夫人正在參觀一座農場，兩人接受分開導覽，在不同時間點參觀農場裡不同的區域。柯立芝夫人參觀到雞舍時，注意到一隻公雞非常激烈地在交配，便詢問這種事是否很常發生。她得到的回答相當令人吃驚，這種事一天會發生十幾次，於是她開玩笑要導覽人員告訴總統這回事。總統不久後也來到雞舍，農場人員重述了他妻子對於公雞的觀察。柯立芝問了個簡單但是又意味深遠的問題：每次的對象都是同一隻母雞嗎？聽到了否定的回答之後，他建議工作人員也將這個答案告訴柯立芝夫人。

柯立芝效應（the Coolidge Effect）以第三十任美國總統為名，卻與勞資關係、經濟學或領導學扯不上關係，反而與性行為有關連。說得詳細點，柯立芝效應所觀察到的行為適用於許多物種身上，在達到性愛力竭的狀態之後，若有名可交配的新雌性對象出現，與原先的雌性對象相比，雄性個體會更想與新對象交配。以專業術語來說，學者發現，若引進新的交配對象，雄性個體的不反應期（即為兩次交媾相隔的時間）會變短。加州大學的學者曾經於一九六〇年代探討柯立芝效應此一現象〔請參閱 Wilson et al 〕。

主要的實驗當中，研究員將雄鼠和發情期的雌鼠配對，讓兩者交配直到牠們停止，至少三十分鐘，此時間點即判定為性愛力竭的狀態。接著，研究員拿走雌鼠。部分雄鼠會與新的發情期雌鼠配對，其餘則與先前一同達到性愛力竭狀態的雌鼠重新配對。學者記錄重新引進雌鼠後的性活動，特別是雄鼠與雌鼠交配的次數，以及雄鼠達到第一、二次射精的比例（我無法想像研究員是怎麼偵測到老鼠射精的，可惜研究報告當中也未詳述）。

起初，兩組之間的交配次數與第一次射精似乎沒有明顯差異。但是，與同一個交配對象重新配對的雄鼠皆無達到第二次射精，與新對象配對的數隻老鼠則似乎很享受「第二次高潮」。在重新引進雌鼠的階段，有新交配對象的雄鼠有百分之八十六達到射精，比另一組雄鼠百分之三十三的比例高上許多。同樣的實驗結果也可在雌性身上看到，一九八〇年代中的一份研究報告同樣以此為主題，研究雌倉鼠與同樣雄性對象、或新雄性對象配對後，是否會出現柯立芝效應（請參閱 Lester & Gorzalka ）。

此系列的研究仍在繼續進行中，但發展得越來越精細。二〇一二年，一組墨西哥的研究團隊發表了柯立芝效應的研究報告，除了研究交配和射精次數，也測量了精子數量和勃起次數（請參閱 Tlachi Lopez et al ）。這是很好的現象，但我不禁想到要測量老鼠的勃起數量一定相當困難，畢竟老鼠的陰莖肯定很小（抱歉了，小老鼠，我沒有惡意）。柯立芝效應的可能原因為何？演化以及延續品種後代的需求似乎是最簡單的解讀方式。柯立芝效應具有演化優勢，鼓勵生物擴大交配的對象圈，增加懷孕以及繁衍的機率。就當作是大自然在避免你不會全盤皆輸吧。

所以呢，性愛會讓你精疲力竭，卻也能透過柯立芝效應，讓你在可能有新性愛伴侶時重新恢復精力。性愛力竭的解藥竟然就是繼續做愛！

另外一群學者研究老鼠時，注意到研究對象在交配過後會特別放鬆。他們因此思考，性愛是否可以消除壓力？

規律的性愛幫你鬆・一・下

美國普林斯頓大學的學者進行研究，將一群雄鼠與發情期的雌鼠放在一塊兒，鼓勵牠們交配（請參閱 Leuner et al）。二十八天過後，學者進行測驗研究老鼠的焦慮程度，家裡有養嚙齒類動物的讀者也可自行嘗試。此試驗名為「新奇抑制餵食範式」（novelty suppressed feeding paradigm），進行方式其實很簡單，只要測量老鼠會花多久的時間，才敢吃下照了燈光、不熟悉開放環境當中的兩公克飼料丸。老鼠越緊張，吃飼料的所需時間就越長。

若雄鼠交配規律，在開放環境中所需的吃飼料時間相較起來較短。其餘雄鼠也與雌鼠配對，但雌鼠並無發情，因此兩者之間並無交配。平均起來，若無規律的交配習慣，雄鼠吃下飼料所需的時間較長，幾乎是交配規律之雄鼠的兩倍。從此結果當中可以明顯看出，規律的性愛可以減輕焦慮。

以人類志願受試者進行的研究同樣支持了此說法。佩斯利大學的一名心理學家請一群男女志願受試者記錄下兩週的性愛活動。兩週後，學者請他們進行公開演說，以觀察他們在壓力之下的表現。該段時間內做愛過的受試者，特別是從事過陰莖、陰道性交的受試者（相較於其他種類雙人性愛活動或自慰），血壓反應性較為良好，且壓力程度也比未做愛的受試者來得低（請參閱Brody）。從這些研究當中可看出，定期性愛的另一個隱藏好處就是能夠紓壓。性愛這件搬不上檯面的事，似乎對我們有相當的好處。

上述的部分研究使用了「正在發情」的雌鼠。在動物世界當中，通常雌性都必須在發情狀態下才會進行交配。「在發情」的意思，其實只是代表雌性的月經週期正好走到交配後最可能懷孕的時間點。女性的生殖力在每個月特定時間同樣也會特別高，所以「發情」的現象同樣也適用在人類身上。男女之間發情的信號機制促成了一篇精彩研究的誕生。

紅色讓人更興奮嗎？

紅色一直以來都跟「統治」脫不了關係，身為利物浦足球會（Liverpool Football Club）的球迷，我相當清楚這一點。球會在一九六〇年代中期做出了一個著名的決定，將紅色球衣、白色短褲換成全紅的配色，並在之後的二十年間稱霸了英國與歐洲的足球界。球會經理比爾．辛奇利（Bill Shankly）當時表示：「改成全紅配色的效果相當驚人。大紅色的隊服發揮了極大的心理效應……第一次上場感覺就像全場都燃燒了起來。」

這可不是什麼毫無根據的謠言。在科學上，的確有確鑿的證據可證明紅色會為體育活動帶來優勢。杜倫大學的人類學家進行了一項研究，於二〇〇四年奧運的格鬥運動項目，請參賽者穿上紅色或藍色的護具（請參閱 Hill & Barton）。他們發現穿著紅色護具的拳擊手和摔角手獲勝次數略高，增加幅度雖小、但已算顯著（百分之五十五獲勝），穿著藍色護具的參賽者獲勝次數則較低（百分之四十五獲勝）。這是為什麼呢？

其中一派主流理論認可紅色與性吸引力具有強烈關連，以此解釋紅色和成功及支配之間的隱諱關連。此理論表示，女性會穿戴人工的紅色信號，像是紅色口紅等等，因為這些信號在男性眼裡是女性生殖力的表現。根據此理論，女性塗抹紅色口紅之所以會吸引男性，是因為紅色口紅暗示她的生殖器同樣也有相同色彩，代表她接受性行為、而且可以進行生殖行為。此理論建構於研究發現之上，若雌性恆河獼猴的照片經過數位處理、調深紅色色調，雄性恆河獼猴看照片的時間便會變長許多。

將動物實驗搬到人類身上進行的過程絕對不是一件易事。肯特大學的人類學家想知道，若將這些猴子實驗在人類身上進行，此假設是否還站得住腳（見Johns et al）。研究員用了簡單的測試驗證此理論，他們調整女性生殖器近照的色調，調成四種程度：淡粉紅色、亮粉紅色、深粉紅色或紅色，並將照片拿給年輕男子看，欲探討人類是否跟恆河獼猴一樣偏好顏色較紅的女性生殖器。

雄性偏好紅色照片的結果可以支持紅色與性相關、為權力來源的說法。值得一提的是，這些學者大費功夫，並在好意的前提之下進行了別人可能會覺得「古怪」的實驗。

這些圖片是從 www.vulvavelve.org 網站上取得，此網站提供健康成年女性生殖器的照片，希望能幫助女性接受自己的身體。學者仔細挑選試驗用的照片，照片必須從同樣角度拍攝、不能有會使人分心的東西（如手指、情趣玩具或刺環）、並且必須經過除毛以符合現代趨勢。實驗使用的圖片經過裁剪，移除了小陰唇（陰道內部的皮層）以及陰蒂，剩下陰道左下方的圖樣。研究員獲得了網站所有人的照片使用許可，並在報告中標明，這代表他們以正當方式使用這些照片進行研究。

男性看過不同顏色的照片，並且給予評比過後，學者發現他們的偏好與預測相反，無法支持紅色是權力性來源的說法。受試者認為紅色照片是四種色調中最不吸引人的照片，其他三種粉紅色色調的照片則不分高下。每位男性受試者的性經驗並不會影響他對陰戶顏色的偏好。這究竟是什麼意思？男性討厭紅色陰戶照片的結果顯示，紅色的力量與性無關。其實此實驗結果也挺有道理，當然不太可能會有女性利用生殖器的皮膚作為吸引異性的信號，因為人類雙腳站立的結構使女性生殖器難以當作接受性行為的信號。

的確，研究員在報告中直說，女性生殖器的顏色其實根本不會改變。他們引用了性愛研究期刊上的一篇研究做為證據，該研究分析了花花公子雜誌從一九五七到二〇〇七年的跨頁照片，結果並無發現女性的小陰唇顏色有任何顯著差異。紅色的陰戶比較可能是月經來的信號。生殖力在排卵流經血時降到最低，使得男性天生不可能喜歡紅色的陰戶。

但是，妓院外頭的確會擺紅燈，而且不斷有研究發現，男性認為穿戴紅色物品的女性更有性吸引力。那性與紅色的關連究竟要怎麼解釋？研究報告的作者認為此現象可能與打架時的侵略性和濺血情形相關。穿戴紅色物品的女性之所以可能被認為較有性吸引力，是因為紅色間接與男性競爭有關，而非因為紅色直接代表了性生殖力和女性生殖器的顏色。

本章當中闡述了一些較不為人知的做愛好處，但是有時性愛和性興奮其實會對身體不好。有個老套但貼切的例子可以證明這點，那就是女性可能會把性愛當成手段，操縱男性做出違背理智的行為。這種現象可以說是「用下體思考」，其實這個說法也有科學根據。

你也用下體思考嗎？

德國杜伊斯堡埃森大學的心理學家（請參閱 Laier et al ）找來了幾位年輕男性，進行了一項學界廣泛使用的決策實驗，稱為「愛荷華賭局作業」（Iowa Gambling Task），研究性愛與決策能力是否相關。志願受試者要從四副牌中選擇，並依牌面判定他們會獲得小額獎賞或需付小額罰款。一般的受試者都能靠著反覆摸索，判斷出哪副牌比較可能獲利、哪副牌比較可能導致罰款，並藉此讓最後的收入多於損失。不過，進行此實驗的學者改編測試，使用照片作為紙牌背面的花色。部分的照片含有露骨的性愛內容（例如情侶進行性交），使男性異性戀受試者相當吃驚。受試者較常抽的並非比較可能獲利的牌組，反而比較偏好含有性愛圖片的牌組。這些照片會引起性興奮，影響力勝過愛荷華賭局作業經常出現的回饋學習機制。此研究顯示，人類的決策力可能會因為性興奮而打折扣。此現象在男性身上似乎相當一致，但女性似乎根本不會中招。不過，最近卻有項研究推翻了此說法。

比利時的行銷學者進行了一項研究，請女性異性戀受試者依照觸感的柔軟度和布料材質排列衣物（請參閱 Festijens et al）。表面上她們參加的是大型服飾店的行銷研究，但其實此說法只是避免女性猜到要她們排列布料的真正原因。排列完衣物之後，受試女性需回答一個問題：「現在馬上拿到十五歐元，或者一週後拿到——歐元對我來說都沒差別。」她們必須想出一個數字，填進空格裡。

這項研究利用了「一鳥在手勝過二鳥在林」的心態，旨在挑戰受試者的耐心是否會打折扣。換句話說，一般人通常會偏好馬上獲得利益（一鳥在手），勝過未來更高的利益（二鳥在林）。因此，大多人會在空格當中填入比十五歐元大上許多的金額。重要的是，越沒有耐心、越想馬上獲得利益的受試者，在空格裡頭填上的數字便會越高（甚至可能是一鳥在手勝過三鳥、四鳥在林的情形）。

但是，你可能會認為整理衣物的舉動怎麼改變女性對財務的看法？如果我告訴你，有時候女性要整理的是男性內褲呢？整理男性內褲會讓女性較容易失去耐心，平均比整理T恤的女性多要了一週一歐元。將時間拉到一個月的話，兩者之間的差異便增加至三歐元。雖然增加幅度看起來雖小，在統計學上卻達到顯著程度。此結果代表女性和男性一樣，在接受性愛相關刺激時，較容易做出比較不利（倉促）的決定。

同篇研究報告當中的後續實驗採取「只看不碰」的條件，學者將男性內褲放置在透明壓克力板後方讓女性整理，並找來其他異性戀的男性受試者整理胸罩。這次實驗還有一個差異處，在整理或看到內衣褲之後，受試男女需回答願意付多少錢購買紅酒或巧克力等奢侈品。研究結果顯示，女性在整理男性內褲之後，會願意以更高的價格購買奢侈品，但是光看內褲不會有同樣效果。不過，男性在整理胸罩或看到胸罩後，皆會願意付更多錢購買奢侈品。

此結果證實了第一項研究的發現：女性和男性一樣，決策能力會受到性愛相關的刺激影響。另外，同樣可以從此結果當中看出，男性的性反應可能以視覺為主，但女性卻並非如此。綜合來看，這些發現代表性興奮會讓男女更加衝動，做出當時看似合理、長期卻會造成損失的決定。

如果性愛會影響決策力，可能會導致什麼後果？南達科塔大學的心理學家進行了一項特別的網路調查，詢問了七百位男女學生在移動中汽車的性愛經驗，結果發現了一個嚴重的安全問題〔請參閱 Struckman-Johnson et al 〕。大多數人都表示自己不喜歡在駕駛時做愛，不過兩性之間卻有個明顯差異：男性比女性更不喜歡。但是，承認自己曾經邊開車邊做愛過的人卻佔了高比例，男性百分之三十三，女性百分之九。最常見的性愛模式是口交（百分之七十八），解釋了為何百分之二十九的女性和百分之九的男性在副駕駛座做過愛。次於口交的常見性愛行為包括彼此撫摸生殖器（百分之六十七）、自慰（百分之十四）以及陰道交（百分之十二）。調查中問到的後果，可能會讓大多人再也不敢邊駕駛交通工具邊做愛。

邊做愛邊駕駛的意外包括車身偏移線道、放開方向盤、加速後差點撞上其他汽車、行人或物品。人身意外包括因為撞到汽車構造而受傷（唉唷喂！）、被路人偷看、被朋友、家人或警察逮個正著。從這項調查中可看出，性興奮可能會降低決策力，甚至導致威脅性命的極端情形。其實，此結果與整理內褲的研究相似，大家偏好做愛的短期利益，忽視了長期的損失，例如死亡、受傷或是被抓到後的丟臉處境！

感覺對了最重要

本章當中以科學文獻為根據，提出了數樣性愛的隱藏好處。誰想得到竟然有科學家做出這麼有趣的實驗？性興奮、吸毒和看足球隊伍得分一樣，會刺激大腦的獎賞路徑。這個實驗結果正式證明了性愛是相當令人享受的。在高潮的當下，男女的大腦活動相當相似，讓人在性高潮階段幾乎能體會到異性的感受。性愛能讓你活動臉部肌肉、保持青春，甚至還能舒緩疼痛和焦慮。性愛雖然會使人精疲力盡，但若獲得與新伴侶做愛的機會，便能消除疲勞感。另外，紅色能夠讓體育隊伍佔上風，但卻無法用性愛觀點來解釋。最後，性愛也可能帶來壞處，影響男女性的決策力，甚至導致極端的後果。

梅．蕙絲（Mae West）曾經說過，性愛是「情緒當道」（emotion in motion）的體現，而且性愛是生活中最基本的一部分，這點不用我說大家也知道。雖然布林德利教授脫下褲子進行簡報的原意遭到誤解，但是他與其他學者皆願意鼓起勇氣，打破傳統探討人類的性反應。這些學者提出了與性愛相關的新觀點，幫助我們更加瞭解自己。他們的研究包含了科學推理的基礎，設計出的實驗和研究相當具有意義，是正當科學研究流程的佳例。以科學角度探索過性愛世界之後，下一章將要討論常存在許多人心中的另一項「小惡」。

延伸閱讀

Arnow,B.A.,Desmond,J.E.,Banner,L.L.,Glover,G.H.et al (2002), 'Brain activation and sexual arousal in healthy, heterosexual males,' Brain,Vol. 125 pp 1014–23

Brody, S. (2006), 'Blood pressure reactivity to stress is better for people who recently had penile-vaginal intercourse than for people who had other or no sexual activity,' Biological Psychology,Vol. 71 Issue 2 pp 214–22

Fernández-Dols, J-M., carrera, P. & crivelli, C. (2011), 'Facial Behavior While Experiencing Sexual Excitement,' Journal of Nonverbal Behavior,Vol. 35 Issue 1 pp 63–71

Festjens,A., Bruyneel, S. & Dewitte, S. (2014),'What a feeling! Touching sexually laden stimuli makes women seek rewards,' Journal of Consumer Psychology,Vol. 24 Issue 3 pp 387–93

Franklin,A.M.,Squires,Z.E.& Stuart-Fox,D.(2012),'The energetic cost of mating in a promiscuous cephalopod,' Biology Letters,Vol. 8 Issue 5 pp 754–6

Fraser, Eva, Eva Fraser's facial workout (Penguin, London, 1992)

Georgiadis, J. R., Reinders, A. A., Paans, A. M., Renken, R. & Kortekaas, R. (2009), 'Men versus women on sexual brain function: prominent differences during tactile genital stimulation, but not during orgasm,' Human Brain Mapping,Vol. 30 Issue 10 pp 3089–101

Gray, John, Men Are from Mars, Women Are from Venus (Harpercollins, New York, 1992)

Hill, R. A. & Barton, R. A. (2005), 'Red enhances human performance in contests,' Nature,Vol. 435 p 293

Johns, S. E., Hargrave,L. A. & Newton-Fisher, N. E. (2012), 'Red Is Not a Proxy Signal for Female Genitalia in Humans,' PLOS ONE,Vol. 7 Issue 4

Klotz, L. (2005), 'How (not) to communicate new scientific information: a memoir of the famous Brindley lecture,' BJU International,Vol. 96 Issue 7 pp 956–7

Laier, C., Pawlikowski, M. & Brand, M. (2014), 'Sexual Picture Processing Interferes with Decision-Making Under Ambiguity,' Archives of Sexual Behavior, Vol. 43 Issue 3 pp 473–82

Lester, G. L. L. & Gorzalka, B. B. (1988), 'Effect of novel and familiar mating partners on the duration of sexual receptivity in the female hamster,' Behavioral and Neural Biology, Vol. 49 Issue 3 pp 398–405

Leuner, B., Glasper, E. R.& Gould, E. (2010), 'Sexual Experience Promotes Adult Neurogenesis in the Hippocampus Despite an Initial Elevation in Stress Hormones,' PLOS ONE, Vol. 5 Issue 7

McLean, J., Brennan, D., Wyper, D., condon, B., Hadley, D. & cavanagh, J. (2009), 'Localisation of regions of intense pleasure response evoked by soccer goals,' Psychiatry Research- Neuroimaging,Vol. 171 Issue 1 pp 33–43

Struckman-Johnson, C., Gaster, S. & Struckman-Johnson, D. (2014), 'A preliminary study of sexual activity as a distraction for young drivers, Accident Analysis & Prevention, Vol. 71 pp 120–8

Tlachi-López, J. L., Eguibar, J. R., Fernández-Guasti, A. & Lucio, R. A. (2012), 'copulation and ejaculation in male rats under sexual satiety and the coolidge effect,' Physiology & Behavior,Vol. 106 Issue 5 pp 626–30

Whipple, B. & Komisaruk, B. R. (1985), 'Elevation of pain threshold by vaginal stimulation in women,' Pain, Vol. 21 Issue 4 pp 357–67

Wilson, J. R., Kuehn, R. E. & Beach, F. A. (1963), 'Modifica- tion in the sexual behavior of male rats produced by changing the stimulus female,' Journal of Comparative and Physiological Psychology, Vol. 56 Issue 3 pp 636–44

其他資源

www.liverpoolecho.co.uk/sport/football/football-news/50-years-on-liverpool-became-8167793

www.beautifulagony.com

Case2
Drink up

來來來！先喝了這杯再說！

如果你口中的威士忌，指的是顛覆純真、違反邏輯、毀壞家庭、創造悲慘命運與貧窮處境，從孩子手中奪走麵包的惡魔蜜汁、喬裝毒藥、或血腥怪物……那我肯定反對。

但是，如果你口中的威士忌，指的是好弟兄聚在一起時的會話良方、哲學之酒，或純釀美酒，在人人心中激起歌聲、嘴上激起笑聲、眼中激起滿意的眼神……那我肯定贊成。

你比較同意哪一段敍述？我當然是歌聲和笑聲那派的支持者，但是，這意見反映了我人生當中自己與親朋好友使用酒精的經驗。對我來說，酒精會讓我想起快樂的夜晚時光，充滿了笑聲和傻勁。不過你的經驗說不定跟我完全相反。酒精就像個雙面人，從這兩個極端的看法當中一目瞭然。

其實，這些話全都出自諾亞・斯威特二世法官（Judge S. Noah Sweat, Junior）一九五二年在密西西比的著名演講。美國密西西比州對於禁酒運動特別積極，州內的禁酒令自一九〇七年起實施至一九六六年，時間超過半世紀，遠比美國一九二〇到一九三三年間全國性的十三年禁酒令來得久。不過，這項法令卻讓政治人物相當頭痛：雖然一九五〇年代密西西比州禁酒，但是非法釀造與地下貿易卻相當活躍，黑市上其實相當容易買到酒。民眾意見則是分成禁酒派與反禁酒派，前者支持繼續進行禁酒運動，後者則在黑市上買酒飲用，甚至可能釀酒賣到黑市上。

政客很清楚，在競選活動或公共場合演講時，只要扯上酒精這回事，不管傾向哪一派都會惹到一大群人不開心。於是，斯威特法官站了出來，說了上述「你口中的威士忌」那席演講，替這種雙輸的局面打造最佳的下台階。他的這席話看似表達了意見，但卻又沒有選擇立場支持，這便是稱為「相對主義謬誤」（relativist fallacy）的策略。這席演講對雙方論點皆表示深刻認同（前一秒還將威士忌稱為「惡魔蜜汁」，後一秒又改口為「純釀美酒」），意圖單純就是再矇騙聽眾，而且最後的收尾詞還能達到最佳效果：「這就是我的立場，我絕不退縮、絕不妥協。」

除了達到狡詐的政治目的之外，「你口中的威士忌」這席演講還完美地闡述了針對酒精和其他娛樂性藥物的二元對立看法。自從人類祖先從地上撿到過熟發酵的水果、不小心吃到醉醺醺以來，酒精就對我們人類有著莫名的吸引力。但是，人類開始釀造、販售、飲用酒類至今，酒精一直都有著黑暗的一面，近期對於酒精的負面觀感似乎在社會上達到高峰。可是本書可不會以此觀點來討論喝酒這回事。本章當中，我將會討論一些酒精不為人知的好處，以及各位不該完全戒掉喝酒的理由。我將會解釋社會酗酒的看法為何已有所進步，酒精如何抵抗特定疾病，並且證明酒精能夠激發創意、促進社交互動。不僅如此，對大多人來說，酒精還能夠讓飲用者自己知道何時該停止。

我們回來談談美國禁酒令的黑暗時期。從後續衍生出的黑幫犯罪問題，如艾爾．卡彭（Al Capone）和情人節大屠殺（St Valentine's Day Massacre）等，很明顯可以看出政府決定完全禁止全國飲酒的決定不太成功。如果當初美國政府將醫師組織的建議聽進去就好了。

酒也曾經住在醫師的急救箱裡

酒精自有史以來一向都是醫師急救箱裡的常駐物品。白蘭地可迅速增加心跳速率與血壓，十九世紀後期的醫師經常以其作為強心劑。另一方面，白蘭地具有抑制效果，也常拿來當作鎮靜劑治療失眠，減少發燒時的呼吸困難情形。此情形更加凸顯了酒精所造成的二元對立：使用之效果（刺激劑與鎮靜劑）相互矛盾。

儘管如此，進入二十世紀後，醫師還是經常開立酒精作為處方。因此，美國政府頒佈全國禁酒令後，欲繼續使用酒精作為處方的醫師深感不滿，槓上了頒佈禁令的政客。政府同意特許使用「藥用酒精」，平息了部分醫師的怒氣，但是使用條件卻相當嚴格，處方劑量須在定量內，醫師還要有特別許可才能開立處方。不過，仍有一個問題尚未解決：當時美國全國有許多醫生都習慣開立啤酒作為各種病狀的藥方，而啤酒並未列在使用特許之內。

醫師相當不滿政客對於醫界的干涉，畢竟醫師皆受過數年的辛苦訓練，他們最清楚應該要開立怎樣的處方給病人。醫師自行組成了政黨「醫療權利聯盟」

（Medical Rights League），並推出候選人參加選舉〔請參閱 Pain 〕。他們的主要政見就是推動藥用啤酒合法化。此團體達成了多項成就，包括成功說服美國醫學會（American Medical Association）支持酒精的醫療使用。儘管如此，醫療權利聯盟並未達到他們的主要目的，啤酒並未被列入禁酒令特許的藥用酒精清單內。

時至今日，各位讀者可能會認為「酒精有益身心」這個想法根本是胡說八道，並且認為那是當年未開化的醫學研究產物。的確，現今大多醫學從事人員都認為酒精是「惡魔的蜜汁」，而非「會話的良方」，但是話可不能完全說死。酒精有許多廣為人知的益處，而且近年來社會上也不再會特別強調酒精所帶來的壞處，舉例來說，正式醫學診斷已經不再使用「酒精成癮」（alcoholic）這個字眼。

我才沒有「酒精上癮」!? 沒那回事！

一般認為藥物成癮，包含酒精在內，是生物機制作用的結果。大多人認為，成癮代表大腦內產生了化學變化，就像某個生物開關被開啟一樣。成癮者的自由意願會嚴重受損，無法控制自我，不斷地使用該樣東西。就酒精的情形來說，這些人就算不是「酒精成癮」，至少也是「酒精依賴」（alcohol dependent）。但是，如果我告訴你，醫藥界現在已經不再使用上述術語和「酒精濫用」（alcohol abuse）等說法了呢？

提到心理疾病的定義，全球最有權威的聲音之一便為美國心理學會（American Psychiatric Association）所編定的《精神疾病診斷與統計手冊》（Diagnostic and Statistical Manual of Mental Disorders, DSM）。DSM於一九八〇年代出版的第三版中，就排除了「酒精中毒／酗酒」（alcoholism）這個字眼，轉而使用「酒精依賴」與「酒精濫用」（請參閱 National Institute on Alcohol Abuse and Alcoholism）。這項決定反映了協會更加重視系統性的研究結果，而非臨床學家的主觀判斷。「酒精依賴」的診斷是依據諸多症狀所判定的，包括無法停止或控制酒精使用、飲酒量多於預期、未飲酒時展現戒斷跡象（如「顫抖」）、達到相同主觀喝醉感受的所需飲酒量越來越高。「酒精濫用」的診斷則是用在程度較輕的案例，但在這些案例中，酒精同樣造成了家庭或工作上的困擾。

不過，二〇一三年出版了第五版DSM，當中卻不包含這些術語，取而代之的是新的診斷名詞「酒精使用疾患」（alcohol use disorder），若在十二個月的期間內，出現二至十一種飲酒過量的症狀，便會判定為此症狀。症狀包括渴望飲酒、無法履行義務、出現忍耐與戒斷情況。「酒精使用疾患」的診斷可為輕微（二至三種症狀）、中度（四至五種症狀）或重度（超過五種症狀）。

診斷基準（請參閱NIH）之所以會改變，是因為醫藥從事人員在治療有飲酒問題的病患後，認為僅使用「酒精濫用」或「酒精依賴」來歸納病人的診斷太過武斷（請參閱Grohol）。來求診的人雖然有相同問題，但程度不一。輕微濫用與重度依賴難以分辨，因此現在的判斷則改用症狀數量來決定。我並非想辯解酒精使用疾患不會對人生造成重大影響，但是美國心理學會為什麼要拋棄「酒精中毒／酗酒」此一看似較為直接的術語呢？其中一個原因，是因為成癮並非如大家所想，僅為一種單純的生理過程，連海洛因成癮也一樣。一九七〇年代，加拿大西門菲莎大學的布魯斯・亞力山大（Bruce K. Alexander）於其他同事一同進行了著名的「老鼠樂園」研究，就證實了此說法。

愛交朋友的老鼠不會上癮

一九五〇至一九六〇年代，科學家多次發現，若讓老鼠選擇乾淨的水或嗎啡（海洛因的原料——自然鎮靜劑），老鼠較常選擇嗎啡。此研究結果照理來說應為藥物成癮的科學發展基礎，但是當時卻沒人想到要調查實驗的環境條件是否會影響實驗結果。不過，科學家早該懷疑環境條件可能是重要因素，原因連小孩都知道。為什麼老鼠適合當寵物飼養呢？

據RSPCA網站所寫，老鼠這種動物相當聰明、重社交活動，而且觸覺與嗅覺都相當發達。飼養老鼠相當有成就感，撫摸老鼠還可以形成人與動物之間的感情羈絆。這種具群居性、種類廣泛又生性好奇的生物，被關進科學實驗經常用到的孤立牢籠裡，肯定不會開心。於是，亞力山大和他的同事質疑，實驗室的老鼠是否使用嗎啡來減輕壓力，在這種不自然又壓抑的環境中麻痺自我感受。

為了以適當實驗測試這個主意，他們開始為老鼠打造最開放、最奢華的屋子。他們設計了一個大型的無頂木箱，地板空間相當寬廣，還有居住空間和攀爬杆。地板上鋪了一層木屑，讓老鼠可以挖洞，另外也可以用來吸收排泄物裡的阿摩尼亞。科學家將一組年輕的老鼠放入了這個社交活動豐富、空間寬廣的環境當中，這間屋子之後被稱為「老鼠樂園」（Rat Park）。第二組老鼠則沒那麼幸運，被放進標準的實驗室環境當中：每隻老鼠被個別關在小籠子裡，牢籠的金屬牆讓他們看不到彼此，此組的老鼠是用來當作比較基準的。兩組老鼠皆可取得乾淨的水和嗎啡水，而在實驗持續的數週內，研究員模仿人類的不同藥物成癮階段，設計數項不同程序，以控制嗎啡的供給。

實驗一開始，老鼠喝得到一般的水，也喝得到嗎啡水。在有所選擇的狀況，不管是樂園或籠子裡的老鼠，大半都會選擇喝水。但是，接下來的六週內，所有老鼠都只有加了嗎啡的水能喝，因此所有老鼠都會對藥物上癮。不過，後續數天的期間內，研究員提供老鼠們水和嗎啡的選擇。結果被隔離的老鼠繼續服用嗎啡，有社交活動的老鼠使用嗎啡的量則大幅減少一半以上。實驗繼續持續數週，這段期間內研究員輪流給予老鼠一般的水和嗎啡水。情況依然不變，在有所選擇的日子裡，被隔離的老鼠繼續使用嗎啡，住在樂園裡的社交老鼠減少嗎啡用量，這次減少的量達到了三分之二。實驗的最後，兩組老鼠被研究員強制戒斷毒癮，只有乾淨的水可以喝。不過，再度給予選擇之後，被隔離的老鼠嗎啡用量比另一組多了一倍。

此實驗結果證明了生活條件會對用藥習慣造成重大影響。雖然研究當中的所有老鼠都開始「用藥」，但是在可以選擇嗎啡溶液或純水的日子裡，比起居住環境較為舒適、社交活動較豐富的老鼠群，被隔離的老鼠更可能繼續服用嗎啡。有社交活動的老鼠似乎會盡量避開嗎啡，因為嗎啡會干涉到牠們的自然活動習性。但是，對小籠子裡的老鼠來說，牠們的自然活動習性早就因為隔離而產生巨大變動，因此才會繼續使用嗎啡。嗎啡或海洛因成癮的情況中，通常會解釋成用藥者為了避免痛苦的戒斷效應因此才會繼續用藥。如果此說法為真，那麼有社交活動的老鼠應該要跟被隔離的老鼠一樣繼續服用嗎啡，而且用量應該不會有差別，不過實驗結果卻完全相反，這代表科學界必須將這些發現納入考量，更新對於藥物成癮的見解。但是這卻是一段漫長的旅程。

此研究在一九七〇年代完成時，亞力山大幾乎找不太到願意出版實驗結果的研究期刊，而且期刊文章出版不到幾年，大學就收回了他的實驗資金。雖然如此，加拿大西門菲莎大學的名譽教授布魯斯．亞力山大依然不同意對於藥物成癮的正式（生物）觀點。如果成癮真的跟該物質（海洛因、酒精等）的生物性質相關，那賭博、購物和網路等癮頭又要怎麼解釋？亞力山大認為癮頭的基礎其實跟藥物無關，所有可以刺激大腦當中富有多巴胺獎賞路徑的經驗，諸如性愛（請見第一章）、吃巧克力或跑步等等也會讓人上癮的習慣，才是真正的成癮來源。他表示，會成癮的藥物並不會接管一般個人的意志力，但是只要這麼相信，如果用藥後惹上了什麼麻煩，就可以找到一個比較方便的藉口脫身。最後他表示，成癮並非不治之症，年輕時曾被認為是藥物成癮者的人，有四分之三都可以在沒有專業醫療人員的協助之下，過著不用藥的餘生。

他們是怎麼辦到的呢？他們發現，雖著年紀漸增，自己與社群之間的連結越來越強或是找到了人生的意義，藥物似乎就沒那麼重要了。亞力山大認為，四分之一的人之所以認為藥物難以戒斷，原因在於他們的生活方式和個人情形，而非藥物本身的生理成癮力。

雖然如此，從部分跡象當中還是可看出亞力山大的觀點開始對主流科學界造成影響。他的新書《成癮全球化：精神窮困的研究》（The Globalization of Addiction: A Study in Poverty of the Spirit）在二〇〇九年的英國醫學會書獎當中獲得「高度讚賞」。除此之外，在這一節的開頭我也提過，美國心理學會的《精神疾病診斷與統計手冊》已經不再以成癮為中心，逐漸轉向飲酒問題的觀點，放棄使用「酒精成癮／酗酒」的標籤，改用日常生活各種與酒精相關的特定困難來進行診斷。同樣地，此手冊也首次將「賭博疾患」（gambling disorder）列入成癮疾患的一種，承認了亞力山大認為成癮並非僅限於藥物的觀點，任何會帶來強烈快感的體驗也會變成習慣，甚至可能擾亂日常生活與人際關係。

大口喝吧！酒精跟性愛、巧克力和購物一樣，都是會帶來愉悅的活動，可以帶來快感。當然了，飲酒問題絕對存在，但是目前大半的專家都認為飲酒問題是心理問題，而非化學成癮。我們必須使用自制力避免過度飲酒，畢竟任何東西都不能過量。不過，如果我們能夠適度飲酒，酒精的確有幾個經過科學證實的好處。這點值得我們來敬一杯吧。

喝多少才健康？

眾所皆知，每天喝點小酒能降低心臟疾病和心臟病發的風險，可能對身體有益。此說法源自各種調查實驗的發現，參與的數千人嗜酒程度不一，從滴酒不沾、適量飲酒和重度飲酒皆有，而極端的雙方較容易發現健康問題。簡而言之，相較於適量飲酒的人，滴酒不沾和重度飲酒的人罹病風險最高。

倫敦大學學院的流行病學家進行的白廳二期研究（Whitehall II）便為此類研究的好例子（請參閱 Britton & Marmot ）。研究員找來一萬名以上在倫敦工作的公務員，請他們回答一些與飲酒習慣相關的問題。接著研究員等了十四年整，這段期間內有些公務員生了病，少數幾人過世。研究員取得其醫療與工作記錄，看看他們的死因以及疾病種類。研究目標是想調查心臟疾病所造成的病痛和死亡是否與飲酒量有關。

研究員發現，死於心臟疾病的人最有可能是少量或多量的酒精攝取者，就是那些較少酌量飲酒的人。英國定義的一單位酒類為一杯含八克（十毫升）純乙醇的標準飲品。滴酒不沾的人和一週喝超過三十一單位酒精的人（約超過十品脫酒精濃度百分之五的烈啤酒或等量酒精），死於心臟疾病的風險比適量飲酒（每週飲用少於三十一單位酒精）的人高了一倍。研究員同樣調查了飲酒頻率，並注意到每週一次至每天一次的人，得心臟疾病的機率較低。飲酒頻率更高或更低的人，罹患心臟疾病的風險同樣為兩倍。西班牙學者進行的一項類似調查〔請參閱 Gea 〕發現，與滴酒不沾的人相比，適量飲酒的人（每天喝一至兩杯）罹患憂鬱症的機率低了百分之四十。

如果你有適量飲酒的習慣，這類的研究可是天大的好消息。喝酒本來就能帶來愉悅感，現在還發現竟然對身體有幫助。不過，學者長期以來都在爭辯這些發現究竟是否值得信賴。部分學者擔心，這類的調查並沒有使用可靠的試驗來驗證酒精和心臟疾病的原因，因為要在「現實世界」進行這種研究太過複雜。生活當中可能會造成影響的變數太多、太過複雜，因此要進行這類的實驗太過困難，幾乎不可能。這些研究的發現僅為相關性結果；換句話說，研究員發現兩件事情經常會發生在同一個人身上：滴酒不沾和罹病風險較高。

不過，就算兩件事經常同時發生，也不一定代表兩者之間有因果關係，許多例子單純屬於巧合。拿孩童智力為例，一直到大約十八歲止，孩童的智商會隨著大腦成長而年年增加，身高同時也會隨著身體成長而年年增加。如果你只測量身高和智力，便會觀察到兩者成正相關，甚至還可能得出身高比較高的小孩智力較高的結論。這麼做便是忽略了第三個變數：年齡，而年齡正是影響身高和智力的重要因素。

批評這些酒精與健康相關調查的主要聲浪認為，適量飲酒的人通常是社會階級較高、生活較舒適的族群。這些調查通常都是在西方社會進行，適量飲酒是日常生活當中相當普遍的一部分。不喝酒的人相當少見，甚至有些人是沒辦法喝酒的。我們不清楚原因，但是大概可以推測是因為身體的其他健康因素。如果真是如此，這些健康因素說不定才是滴酒不沾的人罹病風險較高的真正原因，而非因為適量飲酒具有保護身體的作用。

白廳二期研究及上述的西班牙研究等等，皆將年齡、抽煙習慣、肥胖等可能的重要因素納入考量，但是這類的研究還是沒有正視接受調查者以及社會整體階級不均的問題。經常有學者建議，只有「隨機控制研究」（randomized controlled trial）能夠解決這些研究設計的問題。隨機控制研究是一種研究技巧，實驗者並不會請受試者自行選擇要不要喝酒、要喝什麼酒（接受調查的人在現實生活當中就是這麼做），而是隨機將受試者分配到喝酒組或禁酒組。受試者在特定期間以內持續喝酒、或是禁酒一段時間。後續的追蹤就能讓我們更確定酒精是否會造成任何影響（例如避免心臟病發），因為是否飲酒的選擇是隨機分配的，結果不會受到潛在健康問題等其他因素影響。

然而，要找到人同意這種實驗根本是不可能的任務。大多習慣適量飲酒的人肯定不願意在實驗進行的數年內滴酒不沾，滴酒不沾的人肯定不會樂意被人強制飲酒。因此，時至今日，仍然沒有學者進行過隨機控制研究來衡量酒精的健康效益。

既然目前仍然沒有這種「黃金標準」的科學證據，白廳二期研究此類的研究結果難免受人質疑。世界衛生組織近期推出的一篇報告（請參閱 WHO）便貶低了酒精的預防效果，表示酒精的益處其實沒那麼高，而且需要的飲酒量其實比之前學者所想的低。不過呢，該篇報告並沒有完全否定酒精的益處，反而還認可醫學證據，支持適量飲酒有助健康的說法。

所以，就目前學界的說法看來，適量飲酒可以避免心臟疾病和憂鬱症等健康問題，不失為酒精的一項隱藏好處。只要學者依然沒找到方法進行長期實驗，隨機指派志願受試者喝酒或禁酒，此科學觀很可能繼續佔上風。如上方所述，現實世界當中曾經進行過此類調查，而且這類調查的結果通常都雜亂無章、無法控制，就跟現實生活一樣。因此，若可行的話，在實驗室精準控制的環境當中進行科學實驗會是更好的選擇。這樣便可排除現實生活中的部分因素，將變因降到最少，較容易取得控制權。有學者曾經做過設計精良、控制精準的實驗室實驗，發現了更為具體、更少爭議的酒精效益，稍後馬上會進行討論。

喝了再上！費茲傑羅告訴你的創意絕竅

一直以來，酒精都與成就偉大的藝術家脫不了關係，諸如貝多芬（Ludwig van Beethoven）、美國小說家費茲傑羅（F. Scott Fitzgerald）、以及抽象派畫家傑克遜．波洛克（Jackson Pollock）。英國作家巴拉德（J.G. Ballard）寫作時喝酒激發創意的習慣也廣為人知，有次被問到靈感從何而來，他神秘地回答：「其實我沒有什麼秘密，只要拔開酒瓶的木塞，等個三分鐘，接下來全交給蘇格蘭數千年來的純熟釀酒技術了。」（請參閱 Frick ）。從費茲傑羅到巴拉德，從吉姆・莫里森（Jim Morrison）到艾美・懷斯（Amy Winehouse），酒精和藝術家一向密不可分。但是，有什麼科學根據可以證明酒精的確能激發創意嗎？

芝加哥伊利諾大學的心理學家也想到了這件事（請參閱 Jarosz et al ）。首先，他們必須想辦法將創意量化。他們使用了智力測驗，給受試者看三個詞（例如桃子 PEACH、手臂 ARM 和瀝青 TAR），而受試者的任務就是想出跟三個詞都有關的第四個詞。這方法適合用來測量創意嗎？我認為此測驗模仿了現實生活中需發揮創意的情境，因此的確適合。如果我想發揮創意寫個短篇小說，我第一個想到的主意通常都是些陳腔濫調（「在一個月黑風高的夜晚⋯」），所以我必須要忘掉這個想法，設法想出其他主意。這個聯想測驗也是同樣的道理，最明顯的答案通常都不正確（例如樹）。要成功找出謎底，就必須忘記第一個回答，想出其他答案。從心理層面來看，要解開創意的謎題通常都需要分散式思考，在不同思緒之間移動，較直接、較有邏輯的單一思考方式反而比較佔下風。要解開這個聯想謎題，就必須使用分散式思考找出所有詞的共通處。上述聯想謎題的答案是 PIT（兼具果核、腋下和坑洞之意），這下你可以看看你的思緒在剛剛這幾分鐘有多靈巧了。

研究員找來一群有社交飲酒習慣的男性，讓他們喝下伏特加與蔓越莓汁的調酒。研究員想讓所有受試者血液內的酒精濃度相同，所以每個人喝進的酒精量與體重成比例。體重越重，身體的血液越多，因此便需要越多的酒精才能達到相同的血液酒精濃度。研究員給予一名平均體重男性的酒精等同於八小杯的伏特加，飲酒時間故意設定得較短，只有僅僅半個小時，讓血液中酒精濃度飆升。在這裡告訴大家一項有趣的小細節：報告當中提到，研究員在喝伏特加時，讓受試者看了我最喜歡的迪士尼電影《料理鼠王》。血液酒精濃度在一小時後達到高峰，此時學者暫停影片，開始進行創意測試。

喝下伏特加的受試者平均可以解出百分之五十八的謎題，比其他沒喝酒受試者的解題率百分之四十二高上許多。但是，微醺狀態會降低集中精神的能力，同一群喝下酒的受試者難以在背單詞的同時計算數學題。這一點相當重要，因為酒精降低集中力的效果似乎就是創意力加強的原因。我同意這說法似乎有點自相矛盾。通常一般生活的大多情況之下，集中精神的能力經常可派上用場，飲酒或喝藥導致精神渙散可能會引起問題。不過呢，有時太過集中精神，反而可能讓創造力下降，原因就如我剛剛所說，專注於特定的想法邏輯上（跟著同一套思緒）可能會讓你無法探索其他的想法（穿梭於不同思緒之間），而謎底可能就在其他想法之中。

所以適度飲酒能夠改變控制注意力（失控）的方式，增強創意思考的能力。巴拉德這派的小說家藉酒精激發創意，連科學也支持他們的作法。你也可以自己在家做個實驗，下次玩畫圖猜字或比手畫腳之前先喝一小口威士忌，說不定就可以把你的孩子或爸媽打敗得落花流水。你也可以在校對工作或學校報告之前先喝一杯葡萄酒，說不定腦袋裡會冒出新點子。不同的思緒可能會幫助你從全新的角度看事情。說不定你也可以使用巴拉德流的方式自己寫篇小說，先倒上一杯上好的蘇格蘭威士忌，接著讓想像力盡情發揮。

但是，你真的想自己這樣獨飲嗎？斯威特法官演講當中的後半段也提到了，酒精可以拉近大家的距離，變成社交互動的潤滑劑。這項特性說不定比你想的重要許多。有個理論認為酒精是人類文明的基礎之一。考古學家派崔克·麥葛文（Patrick McGovern）走遍世界各地，搜索人類飲酒歷史的證據（請參閱McGovern ）。他有個瘋狂的理論：人類首次栽種穀物，從事農業活動，其實是為了製造啤酒，而非麵包。但是，接著科技發展迅速，集體農業和工業化逐漸發生，人類原本以小團體或家庭為基礎，散佈居住在寬廣的土地之上，靠著自給自足又豐盛的食物過活，現在卻全擠到都市裡居住。我們已經習慣與數百萬人一同居住在大城市裡，過著摩肩擦踵的生活。但是，你想想看，我們跟這麼多人近距離的居住在一起，不是很不自然嗎？說不定是因為有了酒精陪伴我們走入現代社會，都市生活才讓人容忍得了？有科學證據可以證明酒精能夠促進社交活動嗎？

酒精是社交生活的潤滑劑

你是否曾經注意過，有些人會跟著你笑、跟著你生氣呢？其實我們每個人都會這樣，只是程度不一。在自己不知覺的情況下模仿他人情緒的傾向，被心理學家稱為情緒感染（emotion contagion）。此名詞想表達的是，情緒就像病毒一樣，可以傳染給其他人，形成團結一致的感覺，就像是「社交黏膠」（social glue）一般。不過，在社交場合當中，經常有些人會故意跟其他團體成員唱反調，這些人就是男性。

男性之所以會故意壓抑模仿他人情緒的衝動，原因與男子氣概和西方文化當中的男性身份有關。男人聚在一起時，話題經常圍繞著自己的能力和地位，很少會展現親密關係或對彼此的情感。這點在男女之間有極大的差異，女性的朋友更多、社交網絡比男性更廣，而且還會在社交互動時，對他人的需求展現更多的支持與回應。匹茲堡大學的心理學家欲探討，酒精分散了注意力之後，是否能夠幫助男性模仿他人的情緒（請參閱 Fairbairn et al）。

整體看來，此實驗過程一定相當有意思。受試者有錢拿，還可以喝上幾杯伏特加蔓越莓調酒（無酒精組則是加了幾滴伏特加的蔓越莓汁），坐下來邊喝邊聊天。另一方面，我很慶幸我不是進行此實驗的研究小組成員。他們的工作相當辛苦，必須一格一格地觀看這些社交互動的影片，而且實驗影片總共竟然有三千四百九十萬畫格。研究員記下團體當中有誰在微笑，並且密切注意微笑是否會散佈給團體當中的其他人：也就是一人微笑之後，另一人同樣以微笑回禮的情況。有趣的是，與全男性團體相比，加進一位女性受試者能讓微笑散佈量增加百分之九。但是，女性的魅力仍然不及伏特加的影響。讓全男性團體喝酒之後，團體當中的微笑散佈量大幅增加了百分之二十一。

但是，感染了他人的微笑又代表什麼呢？比別人常不自覺感染他人微笑的男女會感受到更強烈的社交羈絆，代表微笑傳染是個有實際效益的報酬活動。男性通常不會感染他人微笑、或是展現其他情緒感染的情形，但是喝下酒後能讓他們放鬆、融入團體。大家都知道酒精是社交良藥，上述實驗便為科學支持酒精能增進社交活動的證據。我不會得寸進尺地說酒精讓男性展現女性的一面，但是這項研究證明了適量飲酒能幫助男性放鬆，享受彼此的陪伴。好處還不只如此，酒精還能促進男女之間的交流，但方式卻完全不同。聽說過「啤酒傻笑」（beer goggles）這回事嗎？

想成為萬人迷？喝了這杯再說

一直以來，大家都知道喝酒會讓異性看起來更有吸引力。格拉斯哥大學的心理學家是科學界首度留下「啤酒傻笑」正式記錄的科學家（請參閱 Jones et al.）。說這研究是「科學」好像有點言過其實，其實學者只是去了大學的酒吧裡，找上微醺的學生，請他們以1到7的分數為臉部照片的吸引度評分。不過，他們仍然採用了系統性的方法，並且發現異性戀適度飲酒者（飲酒量少於六單位）會因為酒精增加異性的性吸引力評分。換句話說，喝過小酒的女性為男性臉照評的分數比沒喝酒的女性還高，男性亦為如此。認為異性有吸引力就可能接著搭訕，進一步證實了酒精是社交黏膠的理論。此研究結果指出，酒精之所以能增強社交能力，是因為酒精能美化其他人的外貌。

但是，酒精只會影響我們對他人的感受，還是這效果更為根本呢？格勒諾勃、俄亥俄、阿姆斯特丹和巴黎的心理學家翻轉了啤酒傻笑研究的結果（請參閱 Begue et al.）。他們欲探討的不是酒精是否會影響他人對我們的吸引力，而是自己對自己的吸引力。他們的研究問題是：酒精是否會讓人自戀？他們在法國格勒諾勃的一間酒吧請顧客評比自己有多有魅力、聰明、有創意和幽默，接著請他們朝測醉計吹氣，測量他們的血液酒精濃度。各位或許已經猜到了，血液酒精濃度越高的人，就會認為自己越有魅力、聰明、有創意和幽默。

有句話是這麼說的：答案也許不在酒瓶底，但是有時檢查一下也無妨。這些研究告訴我們，酒精降低了控制注意力的能力，但卻能提升人的社交能力。適量飲酒可以讓你對於自己的吸引力更有自信、讓別人在你眼裡更有魅力、還能幫助男性彼此瞭解。這些幫助社交的效果絕對能解除現代都市生活的緊張感。工業化讓人類往都市移動，飲酒習慣也跟著出現。我們的城市少了酒精還能正常運作嗎？少了讓我們笑容常掛嘴邊的酒精，犯罪數據會有所改變嗎？

不過……酒精是把雙面刃，飲酒是一體兩面的事。哲學之酒可以輕易地變成喬裝的毒藥。雖然酒精能藉著降低集中能力達到提升社交能力的效果，但是也能造成其他負面效果。注意力降低了，我們也比較不會控制自己的行為和言語，可能因此忽略社交禮儀和他人的意見與感覺。酒精解除了這些社交束縛，因此大家便會講出普通不敢講的話、做出普通不敢做的事。這類的社交鬆綁效果有正負面交雜的後果。酒精可以增加自信心，但太多酒精可能會讓人自信心過剩、討人厭。只要說到酒精，最棘手的問題就是控制飲酒量；開始喝酒之後必須知道如何停止。幸好，喝酒的行為有個內建的「停止」機制。作家金斯利・艾米斯（Kingsley Amis）在他一九五四年的小說《幸運兒吉姆》（Lucky Jim）裡，便生動地描述了這種機制：

腦裡砰砰作響的重擊讓眼前的景象像脈衝一樣震動。不知道哪來的小型夜行生物控制了他的嘴巴，整晚把他的嘴巴當廁所，然後又變成了墳墓……他轉了一圈眼球，接著下定決心絕對不要再動眼球了。

身體有宿醉都是為了你好啊！

我先前提到了一則研究，受試者可以邊喝伏特加蔓越莓調酒，邊看迪士尼皮克斯的電影《料理鼠王》，這全是為了學術目的！他們看了一小時的影片，血液酒精濃度逐漸升高。假設他們是從頭開始看，那電影當時差不多演到受訓廚師小林前天晚上大灌紅酒、宿醉大鬧廚房的地方。金斯利．艾米斯寫的段落可以充分描述小林宿醉的痛苦，不過他所提到的「夜行生物」在這裡卻會讓我們想到大廚小林跟小廚老鼠雷米的合作關係！

與酒精研究相比，科學界對於宿醉的瞭解才剛起步。科學家探討了與喝醉（正確來說是酒精在血液裡輸送時的酒醉效果）有關的主題，以及大量飲酒數年的長期影響。另一方面，宿醉是飲酒體驗當中很重要的一部分，卻未受到科學界的重視。其中一個重要問題即為，宿醉究竟是否有任何用途。盛行的觀點指出，宿醉是避免過量飲用酒精的自然緩衝機制。此觀點認為宿醉是個「對抗機制」，假設宿醉會鼓勵身體避開危險，也就是酒精造成的酒醉效果。

從另一個角度來看，宿醉或許是在鼓勵身體喝更多酒，以解除不舒適的症狀。這種「以毒攻毒」的宿醉解法有其科學根據。一九九〇年代末，一組瑞典團隊（請參閱 Bendtsen et al）首先請醫院雇員自行選擇喝下白酒或啤酒，接著在後續數小時內提供尿液樣本。第一批早晨樣本尿液的甲醇濃度最高，時間正是頭痛和噁心等宿醉症狀最嚴重的時候。此結果顯示了酒精飲料當中少量的甲醇是造成宿醉的生理原因之一。身體會將甲醇分解成讓身體不舒適的有毒物質。有趣的是，身體中分解甲醇的酵素——醇去氫酶（alcohol dehydrogenase），同樣也負責分解啤酒、葡萄酒和烈酒當中我們最愛的乙醇酒精。不過，比起甲醇，酵素比較「偏好」乙醇，所以在宿醉的時候，喝下更多酒精讓乙醇進入身體，能夠緩解甲醇的毒素代謝作用。

宿醉一方面可以讓我們節制飲酒，一方面卻又會讓我們想喝更多。宿醉究竟是敵是友，這是個相當重要的研究問題。不過，為了保護受試者的健康，代表實驗室研究當中不能夠超過六瓶啤酒或等量酒精。但是，這麼一來就無法在實驗室環境之下，研究飲酒過量「完全發威」的宿醉效果。於是哥本哈根奧胡斯大學的學者採取了一種新穎又特別的研究方法（請參閱 Hesse & Tutenges）。

黑海上的陽光海灘是保加利亞最大的海灘度假村。行銷口號「最陽光的度假村只給最陽光的遊客」吸引了數千名遊客每年前來享受白淨沙灘和熱鬧的夜生活。這裡的夜生活尤其發達，有好幾間酒吧、夜店、咖啡廳和迪斯可，因此前來陽光海灘的觀光客經常過量飲酒，追求狂歡樂趣。當然了，這種行為有其缺點。隔天早上，酒精帶來的愉悅感退去，宿醉取而代之。口渴、頭痛、暈眩、吞不下食物都是明顯的徵兆；宿醉的症狀就是這麼明顯。

四名幸運的奧胡斯大學研究助理被派去度假村待上一個夏天，當然是以科學之名了。他們可以盡情享受當地的氛圍，好好過上一個暑假，前提是每天都必須完成研究任務：每天早上都要起個一大早，去海灣上上下下的飯店、泳池和海灘邊，盡可能找來度假的丹麥年輕人聊聊天。研究助理要問觀光客數個問題，首先要說說前一晚是怎麼度過的，列出他們喝的所有酒類，最後還要知道他們有沒有宿醉的症狀。最關鍵的是，每個受訪者都要在一週假期的開始、中間和尾聲接受採訪，總共三次。如此一來，學者才能記錄持續飲酒狀況之下宿醉狀況是否會隨著時間改變。

學者特別有感興趣的是飲酒量和後續宿醉程度。他們推論，如果宿醉是抑制飲酒的自然節制系統，如果宿醉是避免喝更多酒的「對抗機制」，一週間的飲酒量應該會減少、或是宿醉症狀應該變嚴重，也有可能是兩者同時出現。在這個陽光沙灘白雲、充滿酒精的派對小城，來找樂子的遊客喝進的酒量肯定都相當驚人，那我們對於宿醉又有了什麼科學新發現呢？

在一週假期的開始、中間和尾聲，這些丹麥遊客每晚的飲酒量其實差不了多少。他們每晚平均會喝進十七標準單位的酒精，大約等同於喝下十瓶標準大小的啤酒，對大多人來說絕對足以引起隔天早上的宿醉。我得在此補充，這麼大量的酒精超過適度飲酒量，如果長期持續便會引起健康問題。大多人的飲酒量都持續不變，但是宿醉的嚴重程度卻隨著時間增加，每次採訪時平均宿醉評分都會提升。此相反證據恰好證明了根本沒有宿醉耐力這回事，我們不可能「習慣」宿醉的感覺、感受不會逐漸減輕。飲酒量不變、宿醉卻越來越難受，這結果偏向宿醉是「對抗機制」的想法，宿醉就像是身體所做出的回應，減少酒精等毒素的持續攝取量，以避免身體進一步受到傷害。

不過，這結果「偏向」對抗機制的想法並不代表能夠做為證據直接「支持」。若宿醉要成為過量飲酒有效的「對抗機制」，我們就要看看宿醉會不會對未來的飲酒習慣造成影響。陽光沙灘的遊客夜夜笙歌，每晚飲酒量並沒有受到宿醉的影響而下降。不過，近期密蘇里大學一個電子日誌的研究（請參閱 Epler et al）使用了口袋型電子儀器，利用應用程式軟體要求受試者記錄下晚上喝的酒類。此應用程式也有類似鬧鐘的功能，隔天早上會吵醒他們，讓他們記錄下宿醉的跡象。受試者於三週內隨身攜帶此電子裝置，因此學者能觀察的變數比之前的宿醉研究多了一項：兩次喝酒之間的間隔時間。如此一來，便可直接衡量宿醉是否會對後續飲酒造成影響。如果宿醉是對抗飲酒的機制，那麼若宿醉情形加重，兩次飲酒之間的間隔時間應該會加長。

在受試者所記錄的日記當中，研究員發現宿醉的確能稍微增加兩次飲酒間的間隔時間，大約六小時。不過，研究員認為此發現不太可靠，因為其實這跟飲酒習慣比較有關係。換句話說，比起宿醉的效應，多常喝酒、週幾寫下日記，其實跟飲酒間隔時間比較有關連。習慣重度飲酒的人，飲酒間隔時間便較短；週五的飲酒間隔較短、週日的飲酒間隔便較長。

儘管如此，宿醉絕對不會導致飲酒時間的間隔縮短，所以我們可以先將「宿醉鼓勵以毒攻毒」的想法放一旁。目前仍未有研究探討宿醉的威脅是否會影響大家喝酒的量。換句話說，我們不清楚大家是否會因為明早可能宿醉，而節制自己飲酒的量。最類似的研究是針對水牛城紐約州立大學醫學院師生進行的調查〔請參閱 Smith et al〕，超過一半的受訪者都表示他們曾經為了避免宿醉而減少飲酒量；但說不定大家說一套做一套，還是需要用研究來衡量實際的飲酒行為才行。

總而言之，有少數科學證據支持「宿醉是避免飲酒過量的自然機制」此說法，但是必須進行更多研究才能確認。此小節一開始，我便提過宿醉研究比其他飲酒研究來得少，從此處不難看出這點。

陽光沙灘的研究還有其他更深入的有趣發現。大家普遍認為女性的宿醉比男性還痛苦，但是第一眼看來，陽光海灘研究的結果似乎完全相反。不過，女性的宿醉之所以沒男性那麼痛苦，其實有個顯而易見的原因：女性喝酒的量通常都比男性少。將飲酒量納入考量後，男性和女性宿醉症狀的程度似乎沒什麼差別。大眾之所以會以為女性宿醉比男性痛苦，可能是因為女性的身體質量大抵比男性小。如果男女性喝下等量的酒類，女性的宿醉之所以較難受，是因為加入身體質量的考量後，女性攝取的酒精「劑量」比較高。

另一個常見的迷思則認為年紀越大、宿醉越難受，但是事實似乎並非如此。在陽光沙灘的研究裡頭，年紀較大的人似乎宿醉症狀比較輕微。不過，請別忘記所有接受採訪者都是年輕人，所以「年紀較大」的意思其實是二十五至三十歲。但是我曾經幫忙撰寫一份丹麥的大規模調查報告，接受調查的對象為五萬名以上、年齡各異的成年人（從青少年至六十歲以上），調查結果似乎也顯示年輕人的宿醉較難受（請參閱 Tolstrup et al ）。此調查發現年紀越大、就越少出現宿醉的情形。此現象可以解釋成「薑是老的辣」效應；年紀越大，我們就會學到越多避免宿醉的策略，其中包括節制飲酒量。所以，宿醉讓人節制飲酒的效應似乎會隨著年紀增強。

但是，宿醉體驗可不是人人都一樣。陽光沙灘研究另一項精彩的發現則是與「宿醉免疫」（hangover immunity）有關，指的是喝多少都不會宿醉的人。集中觀察喝下酒精量足以引起隔天宿醉的遊客，學者發現只有約三分之二的重度飲酒者有宿醉現象。這代表大約三分之一的人對宿醉免疫。其實，這個預估值比其他研究來得高了些。波士頓大學的心理學家綜合了多項不同的宿醉研究，估計約百分之二十三的人喝多少都不會宿醉〔請參閱 Howland et al〕。當然了，對宿醉免疫可沒你想的這麼好，畢竟這樣一來就無法節制飲酒了。

我寫這本書的其中一個目的，便是想讓讀者看看許多創新又有趣、而且出自專業心理學者的研究實驗。陽光沙灘宿醉研究便是個很好的例子。此研究找了研究員搭機前往海灘度假村，採取與過量飲酒相關的資料，這概念簡單但又相當有創意。我真希望我也想到這麼直接的辦法。除此之外，研究發現很容易解讀，而且又與日常生活息息相關。宿醉不會隨著時間減緩，只會更加嚴重。但是持續飲酒造成的宿醉惡化，卻也提醒了我們要注意未來的飲酒量。年輕人不太會理會這個訊息，但是隨著時間增長，就會漸漸學到教訓。不會宿醉的百分之二十三人口沒有機會上到一課。算他們幸運嗎？從某些角度來說的確可以這麼說，因為就算他們多喝了點酒，隔天還是能活蹦亂跳。不過，少了宿醉的「對抗效應」或自然反抗機制，說不定這些人更有可能染上危險的飲酒習慣，隨著年紀累積潛在的健康問題。這想法說不定能讓你醒醒酒。

酒精是超級英雄也是大魔王

酒精是天使也是惡魔的化身；是英雄也是大魔王。要對酒精是好是壞下個定論，實在很不容易，因為酒精與我們的生活息息相關，要完全分別酒精的正負效應實在是太困難了。科學與醫學界欲避免傷害，所以通常會比較小心謹慎，表示飲酒對身體不好、最好避免。雖然如此，喝酒還是相當受歡迎的習慣。為什麼呢？我猜是因為大家已經知道（其實已經廣為人知的）隱藏好處，不用我多加費心解釋。科學界還沒完全搞懂與酒精相關的複雜現象，從酒精問題診斷的轉變便可看出這點。現在已經不使用「酒精依賴」的術語，反而偏好使用「酒精使用疾患」，代表飲酒問題的觀點已從生理轉向心理。

沒什麼人會懷疑飲酒過量會傷害健康，為了買醉而狂喝當然不是好事。但是，本章的宗旨是欲告訴讀者適量飲酒會帶來的數項好處，或許大家也已經知道了。有些好處與健康有關，酒精避免心臟疾病和憂鬱症。其他好處則是與酒精分散注意力的效果相關。酒精可以激發人的創意和社交能力，甚至還有自備的「停止」機制，也就是可怕的宿醉。開開心心地喝杯小酒吧，但是可別喝到醒來時發現有小生物把你的嘴巴當成墳墓了。

延伸閱讀

Alexander, B. K., Coambs, R. B & Hadaway, P. F. (1978), 'The effect of housing and gender on morphine self-administration in rats. Psychopharmacology,Vol. 58 pp 175–9

Bègue, L., Bushman, B. J., Zerhouni, O., Subra, B. & Ourabah, M. (2013),'Beauty is in the eye of the beer holder: People who think they are drunk also think they are attractive', British Journal of Psychology,Vol. 104 Issue 2 pp 225–34

Bendtsen, P., Jones, A.W. & Helander, A. (1998), 'Urinary excretion of methanol and 5-hydroxytryptophol as biochemical markers of recent drinking in the hangover state', Alcohol & Alcoholism,Vol. 33 Issue 4 pp 431–8

Britton, A. & Marmot, M. (2004), 'Different measures of alcohol consumption and risk of coronary heart disease and all-cause mortality: 11-year follow-up of the Whitehall II cohort Study', Addiction,Vol. 99 Issue 1 pp 109–116

Epler,A. J.,Tomko, R.L., Piasecki,T.M.,Wood, P.K., Sher, K.J., Shiffman, S. & Heath,A. C. (2014),'Does Hangover Influence the Time to Next Drink? An investigation using ecological momentary assessment', Alcoholism: Clinical and Experimental Research,Vol. 38 Issue 5 pp 1461–9

Fairbairn, C. E., Sayette, M. A., Aalen, O. O. & Frigessi, A. (2014),'Alcohol and Emotional contagion:An Examination of the Spreading of Smiles in Male and Female Drinking Groups', Clinical Psychological Science

Frick,T. (1984),'Interviews: J. G. Ballard,The Art of Fiction No. 85'. From: www.theparisreview.org/interviews/2929/the- art-of-fiction-no-85-j-g-ballard

Gea et al (2013), 'Alcohol intake, wine consumption and the development of depression: the PREDIMED study', BMC Medicine 2013,Vol. 11 pp 192

Grohol, J. M. (2015),'DSM-5 changes:Addiction, substance-related disorders & alcoholism'. From: http://pro.psychcentral.com/dsm-5-changes-addiction-substance-related-disorders-alcoholism/004370.html#

Hesse, M. & Tutenges, S. (2010),'Predictors of hangover during a week of heavy drinking on holiday', Addiction,Vol. 105 Issue 3 pp 476-83

Howland, J., Rohsenow D. J. & Edwards, E. M. (2008), 'Are Some Drinkers Resistant to Hangover? A Literature Review', Current Drug Abuse Reviews,Vol. 1 Issue 1 pp 42–6

Jarosz, A. F., colflesh, G. J. & Wiley, J. (2012), 'Uncorking the muse: alcohol intoxication facilitates creative problem solving', Consciousness and cognition,Vol. 21 Issue 1 pp 487–93

Jones, B. T., Jones, B.C., Thomas, A. P. & Piper, J. (2003), 'Alcohol consumption increases attractiveness ratings of opposite-sex faces: a possible third route to risky sex', Addiction, Vol. 98 Issue 8 pp 1069–75

McGovern, Patrick E., Uncorking the past:The quest for wine, beer and other alcoholic beverages (University of california Press, Berkeley, 2009)

National Institute on Alcohol Abuse and Alcoholism (1995), 'Diagnostic criteria for Alcohol Abuse and Dependence', Alcohol Alert No. 30 PH 359. From: http://pubs.niaaa.nih.gov/publications/aa30.htm

NIH (2013),'Alcohol Use Disorder:A comparison Between DSM–IV and DSM–5', NIH Publication No. 13–7999. From: pubs.niaaa.nih.gov/publications/dsmfactsheet/dsmfact.htm

Pain, S. (2008), 'When doctors battled for medical beer', New Scientist, Issue 2680. From: www.newscientist.com/article/mg20026801.900-when-doctors-battled-for-medical-beer.html

Smith, C., Bookner, S. & Dreher, F. (1988),'Effects of alcohol intoxication and hangovers on subsequent drinking', Problems of Drug Dependence 1988: Proceedings of the 50th Annual Scientific Meeting' (NIDA, Harris, L. S., ed.), p 366

Tolstrup, J., Stephens, R. & Grønbæk, M. (2014), 'Does the severity of hangovers decline with age? Survey of the incidence of severe hangover in different age groups', Alcoholism: Clinical and Experimental Research,Vol. 38 Issue 2 pp 466–70

WHO (2012),'European action plan to reduce the harmful use of alcohol 2012–2020', copenhagen: WHO Regional Office for Europe

Case3
Damn good

我詛咒你的祖父！

二〇〇八年北京奧運進行到一半，英國的女性風帆選手們連一面獎牌都還沒拿到。那年的比賽競爭激烈，共有二十七個國家的二十七名風帆選手出賽，總決賽更是充滿戲劇性的發展。一開始有人偷跑，其中一名獎牌得主又在半路上差點被另一名參賽者撞進海裡。這種逆境反而讓英國的布莉歐妮・蕭（Bryony Shaw）覺得更加刺激有趣，而且她最後打破了所有專家預測，獲得銅牌。她一上岸，身上都還在滴水，英國廣播公司BBC帶著麥克風和攝影機就上前採訪她，讓她面對數百名即時觀看轉播的觀眾。蕭當時欣喜若狂，肯定難以言喻自己的情緒。當她被問到當時心情如何時，她直覺地使用了最能恰當傳達當下情緒的語域（register）說法。那天下午負責的BBC製作人嚇了一大跳，因為她毫無遮掩地回答：「我他媽的（fucking）超高興！」〔請參閱The Daily Telegraph〕。

在大多人類文化當中，都有使用冒犯他人、低級下流或禁忌言語的語言特色，從英文的fuck off（滾開）到法文的merde（屎），從印度的sala（小叔）到阿拉伯文的yil3an abu ommak（詛咒你的祖父）。大部分人可能認為罵「三字經」是現代才有的現象，但是其實這些語言的使用記錄可以回溯到一千年前（fuck

的使用記錄最晚，西元一五〇三年）〔請參閱 Hughes 〕。有些髒話的故事相當精采，舉例來說，cunt（屄）一詞在一二三〇年時是倫敦街道「Gropecuntlane」（摸屄巷）的書面簡寫。這個名稱代表該地點經常有妓女和嫖客出沒，而且也可看出當時大眾對這個詞的接受度。十五世紀的醫學書籍同樣也使用了這個詞。arse（驢）在英文當中第一次在西元一〇〇〇年出現，但是很不幸地，這個詞與 ass（屁股）太過相似。一開始很單純的說法，卻會意外衍生出娛樂和尷尬效果：「我那天在欣賞你的 ass（驢子／屁股）」。也難怪 arse 這個字出現之後，donkey（驢）也隨之出現。

不過，雖然罵髒話通常是負面又醜陋的行為，亦會引起衝突，但是有些使用方法反而會產生快感，甚至還有其必要性。本章要探討的就是粗俗語言的科學，並特別集中在罵髒話的意外好處。這些好處包括了：表達情感、作為說服工具、適應疼痛、辨識老年痴呆、以及表達禮貌（信不信由你）。罵髒話這回事可不像你所看（聽）到的那麼簡單。

「上夜班的人都是混帳！」

一九五〇年代末，一群大學裡的動物學家前往挪威極圈內進行田野調查。他們欲觀察的是鳥類對於永晝的適應。不過，過程可沒那麼順利。被北極氣候無情襲擊，爬上岩石和懸崖捕捉野鳥、替鳥套上腳環、紮營、煮飯以及其他工作都讓他們苦不堪言。這樣的環境反而相當適合實習心理學家觀察此五男三女罵髒話的時機（並接著推測理由）。於是，每一天的數小時中，實習心理學家會記錄下遠征隊成員罵髒話的次數，用的則是一種超低科技的科學設備：不同顏色的計數器。心理學家將結果寫進報告，而此報告便成了心理學界所寫的首篇系統性髒話研究報告（請參閱 Ross）。

研究結果發現，這些動物學家之所以罵髒話，有兩個相當不同的原因。一方面，放鬆和開心的時候，髒話的數量會顯著增加。此現象稱為「社交髒話」（social swearing），原意是要表示友好，展現自己是「團體成員的一份子」，只有在身邊有他人時才會出現。另一方面，事情出差錯時，第二種罵髒話的原因就相當明顯。此現象稱為「煩躁髒話」（annoyance swearing），與輕微壓力相關（例如迷路），比社交髒話少見，而且獨處時也會使用。有趣的是，如果壓力越來越大（例如迷路的時間越來越長），社交和煩躁髒話這兩種都會減少。此篇研究是研究髒話的先驅，畢竟目前針對髒話的研究才剛起步。不過，雖然我很欣賞這種低科技的實驗方法，但它還是有其缺點。田野調查進行到一半，計數器的答答聲漏了餡，讓動物學家發現到底是怎麼一回事。結果遠征隊團員因此發明了一種新的髒話罵法「答答的」（clicking），而且很快就將這個詞融入複雜的語言表達當中，像是「那個答答的（clicking）心理學家！」

不過，實驗當中辨識出來的基本髒話類別還是有其參考性，而且近期澳洲語言學家分析澳大利亞的書寫與口語語言樣本後，也證實了此結果（請參閱 Allan & Burridge）。他們所檢視的來源包括了網路（如 Myspace 社交網站）、創意寫作的文章、即席公開演講與私人對話。這篇較新的研究一共找到了四種髒話，包括沒有攻擊意圖的「社交髒話」（social swearing）（例如：我不知道我他媽穿這什麼衣服！）、「煩躁髒話」（annoyance swearing）（例如：靠，我迷路了！）、「謾罵髒話」（abusive swearing）（例如：上夜班的人都是混帳！）、以及使用髒話來加強說話內容的「風格髒話」（stylist swearing）（例如：救濟個屁啊！）。

科學界確實記錄下了大家罵髒話的不同時機：在社交場合時（不過我認為這類可以增添個「加料」功能）、生氣時、以及刻意謾罵時。另外，罵髒話也有可能是出自習慣使然。一開始可能是因為社交理由而罵髒話，但是髒話卻深深烙印在說話者的詞彙當中，現在不需要任何明顯理由也會冒出來。這種無意義又無差別的連環炮髒話，讓大家普遍認為罵髒話代表智力低下、不善表達。不過，這想法卻沒你所想的直接，而且有學者針對書寫和口語英文進一步研究，提供了確切證據證明相反論點。

誰最愛罵髒話？

英國蘭卡斯特大學的語言學家想探討，不同年齡和社會背景的男女會如何使用 fuck（幹）一詞以及其他衍生詞（例如 fucked、fucks、fucking、fucker）〔請參閱 McEnery & Xiao 〕。他們使用英國國家語料庫（British National Corpus）作為基礎進行研究。此語料庫使用二十世紀末的各種來源，收集了一億字的書寫與口語英語語料樣本。書寫語料出自報紙、書籍和私人書信等來源，口語語料則出自志願者所錄下的對話。研究員表示，他們之所以會選擇fuck，是因為它是英語當中最有趣、最多采多姿的詞，從語料當中多樣的使用類型便可看出這點。用法包括了一般咒罵——oh fuck!（喔，幹！）、人身攻擊——you fuck!（你這王八！）、詛咒咒罵——fuck you!（去你的！）、字面用法——he fucked her（他上了她）、加強語氣——fucking marvellous!（真他媽的精彩！）、代名詞型態——like fuck（像狗屁一樣）、慣用套語——fuck all（管他去死），最後則是相當幽默地「指示目的地」——fuck off!（滾開）。

男性使用fuck與其衍生詞的頻率比女性高了一倍，證實了男性比女性常罵髒話的普遍看法（不過這點還有待爭辯，一篇近期研究發現男女頻率大約相等〔請參閱Jay & Jay〕）。從年齡來看，三十五歲以下的人比三十五歲以上的人還常使用fuck一詞，可能是因為年紀較大的族群身邊會有小孩和青少年，因此會控制自己的語言。此篇研究使用說話者離開學校的年齡來粗估他們的教育程度。十七至十八歲離校的人，罵髒話（使用fuck一詞）的頻率比十五至十六歲離校的人少了百分之八十四，十八歲以上離校的人罵髒話的頻率又比十七至十八歲少了百分之六十六。此結果顯示罵髒話的頻率和教育程度明顯有關，離校較早的人較常罵髒話。此論點部分支持罵髒話代表智力低和不善表達的說法，但須建立在離校較早等於智力較低的前提之下。不過，進一步探討顯示這解釋可能太過簡單。

若從社會背景來看罵髒話的頻率，第一眼的結果看來很熟悉，低社會階層的人最常罵髒話。技術勞工階層罵髒話的頻率比無工作和非技術性勞工階層少了百分之二十四，中下階級（文書工作者和初級專業職位）罵髒話的頻率又比技術勞工階層少了整整百分之八十五。不過，隨著社會階層往上移，結果卻相當奇怪，中上階級（高階管理階層以及專業職位）使用fuck的頻率比中下階級增加了百分之三百，代表社會階層的頂端族群反而最常講髒話。此現象有可能是因為中下階級會調整自己的語言使用，以配合自己想爭取的理想社會地位。另一方面，地位穩固的中上階層不在乎這點，因此較可以隨心所欲的罵髒話。也可以說他們什麼狗屁都不管（they just don't give a fuck）。

從此研究結果可看出，用不善表達和智商低來概括罵髒話這回事太過以偏概全。如果罵髒話僅僅跟智商和用字技巧有關，那麼高階主管階層和專業工人的髒話用量不應該增加才對；不管你對這社會階層有何看法，如果他們智商低、不善口語表達，就不可能穩坐在這些行政階層的位子上了。

要推翻罵髒話代表不善表達的說法，最後一個關鍵研究則是最近由麻省人文學院的心理學家所推出的研究報告〔請參閱 Jay & Jay 〕。他們在研究過程中比較了一般的語言流暢度與髒話流暢度。研究員請志願受試者盡可能在一分鐘內想出（寫下）某個字母開頭的詞，藉此測量一般語言流暢度，語言技巧較好的人通常都可以在指定時間內想出較多的例詞。另一方面，研究員也巧妙地運用相同概念設計了「髒話流暢度」的測試辦法。髒話流暢實驗的受試者必須在一分鐘內盡可能想出不同的髒話。學者比較兩個測試的分數時，發現一般語言流暢度高、罵髒話也能罵得流暢，一般語言流暢度低、髒話流暢度的分數也低。此結果強烈支持罵髒話不代表語言貧乏（如缺乏一般詞彙）的看法，語言技巧純熟、善於表達的說話者甚至還會使用髒話來達到最大溝通效率。

科學界讓我們瞭解何時會罵髒話、哪些人會罵髒話。但是，對於罵髒話的原因，我們卻還是瞭解甚少，而且罵髒話還有許多不為人知的意外好處。原因似乎是在於我們對髒話會有種特定、不自覺的反應。這種情緒反應所使用的大腦路徑跟恐懼和訝異一樣。

戰或逃——罵髒話給我們的滿足感

好幾年來，我受邀在諸多演講上談論罵髒話的科學。其實要講「髒話」這個主題，不需要實際說到髒話，有時我整場演講連個髒字都沒說到，像有一次我在科學節慶演講，觀眾裡頭就有非常小的小孩子（順帶一提，他們跟成人一樣，也覺得髒話的科學相當奧妙）。不過，我認為在演講時加點髒話，能讓這主題更加新奇有趣。神聖的大學講堂，在一群安靜的聽眾面前，挑好時機說出「fuck」（幹）一詞，有種莫名其妙的滿足感。有位同事曾經參加過我的演講，她說她聽到第一個髒話的時候，覺得有股小小的能量，可以說是一小次顫抖（frisson）。這例子便可展現罵髒話的力量，同時也準確描寫了身體「戰或逃」（fight or flight）反應啟動時的感受。

戰或逃反應是我們身體最基礎的壓力反應，當中包括了一系列的生物微調機制，以加強我們的行動。最重要的調整就是產生一股能量，以供在緊急狀況下使用。例如，遭到攻擊時，這股能量能讓我們擊退攻擊者、或是快速逃離現場，以獲得最佳生還機會。最明顯的跡象就是身體會釋放腎上腺素，讓心臟跳動，導致瞳孔擴張、呼吸加快、心跳加快，同時增加疼痛耐力和流汗。從科學角度來看，最後提到的流汗其實相當有趣。濕氣能夠導電，你流越多汗，皮膚就越能穩定地傳導電流。在手指上貼上電極便可測量導電率，此現象也稱為「膚電反應」（electrodermal response）。

許多研究曾經使用過膚電反應測量罵髒話時的顫抖程度。英國布里斯托大學的學者請受試者大聲唸出cunt（屄）與fuck（幹）兩詞，並與c-word（C開頭的詞）和f-word（f開頭的詞）做比較〔請參閱Bowers & Pleydell〕。麻省人文學院的研究員請受試者默唸數個髒話與動物單詞〔請參閱Jay, Caldwell-Harris & King〕。最後，耶魯大學的心理學家也曾請受試者唸出猥褻、性相關、社會禁忌等會激起情緒的詞彙〔請參閱LaBar & Phelps〕。與其他較禮貌的說法相比，髒話所引起的膚電反應皆大上許多。這些實驗以及我同事體會到的顫抖感，都證明了髒話有可能是情緒的語言。為了解釋髒話和情緒之間的關係，我們必須破除罵髒話的社會禁忌，考慮髒話的本質。所以接下來我們要深入探討髒話的神經生物學。

滿口屎尿屌屄的穢語症

所有人的記憶當中都有著一組髒話資料庫，就像是小標所寫的一樣。我們都知道這些字詞，但絕對不會逢人就說，因為這些話實在太過粗俗失禮，還提醒了所有人我們都是動物，都會小便、排泄和發生性關係。這就是罵髒話為禁忌的其中一個原因。違反了這個禁忌、提到上述的那些字，會讓所有人都神經緊繃，甚至還覺得脆弱了點。除此之外，我們成長過程當中身邊多多少少都有會罵髒話的長輩。我們從小就學習到髒話在情緒高漲的情況下最容易出現，例如受傷、衝突或暴力發生時。所以，罵髒話也會讓我們想到可能會發生戲劇性場面，並讓我們沒由來地覺得不自在。髒話會讓場面緊繃，是因為髒話與我們最原始的自我有關，也與我們經驗當中的緊張局面有所關連。這就是髒話會激起情緒反應的其中一個原因。

除此之外，也有證據顯示大腦處理髒話的方式跟處理一般語言不同。南加州大學的學者進行了「文獻回顧」型的研究，匯集了與髒話有關的各種相關領域研究發現〔請參閱 Van Lancker & Cummings〕。他們彙整的資料包括了失語症（aphasia）病人研究、猴子研究以及妥瑞氏症（Tourette's）的病人研究發現。

患有失語症的人難以說出有意義的語言。有些失語症患者因為一種稱為布洛卡式失語症（Broca's aphasia）的症狀，連話都說不太出來。有些失語症病患則是因為威尼克氏失語症（Wernicke's aphasia），雖然說話速度相當快，但是說出的字詞卻幾乎沒什麼意義。檢查失語症患者的大腦過後，學者發現大多患者的左耳上方的左大腦皮層（cerebral cortex）都有腦部傷害（大腦表層重複折疊數次的皺摺區，大半複雜思考都在此發生）。此類特殊的腦部傷害形成規律，支持了語言與受損腦部區域有關的論述。不過，驚人的是，雖然失語症患者大多都有語言障礙，但有些病患卻還可以流利地罵髒話。有幾個案例紀錄中寫到，語言能力受損的患者還可以說出「我的天哪」（Sacre nom de Dieu）、「耶穌基督啊」（Jesus Christ）和「該死」（Goddammit）等髒話。雖然大腦的關鍵語言區域受損，但是這些人卻還可以罵髒話，這代表髒話跟一般的語言不同，相當特殊。

獼猴和松鼠猴的研究可以進一步證明髒話與一般語言有所區別。研究員採取了一種技巧，使用電壓非常低的電流刺激動物大腦的不同區域。電流低到不足以造成傷害，但是足以活化神經元（大腦細胞）。研究員欲觀察神經元受到這樣直接刺激時，猴子會有何反應。

直接刺激這些動物的大腦深處結構，也就是中心的大腦區域，而非最外層的大腦皮層，會引起情緒發聲。這些聲音是又短又有間斷的尖叫聲，通常用來警告其他團體成員有危險存在。電流刺激之後、產生這些發聲的特定區域稱為邊緣系統（limbic system），是大腦當中著名的情緒中心。人類部分的罵髒話行為，特別是心情不好時的情緒怒罵，與這些獼猴和松鼠猴的情緒發聲行為相似。或許人類罵髒話的行為同樣也是邊緣系統負責。事實上，針對妥瑞氏症病人的研究結果指出說不定就是如此。

妥瑞氏症在大庭廣眾之下罵髒話的症狀稱為穢語症（coprolalia）。其實大半的妥瑞氏症病人沒有穢語症，不過比例也不算小，估計介於百分之二十五到五十之間。數項研究指出，與非患者相比，妥瑞氏症病患的基神經節（basal ganglia）比較小，也就是另一項大腦深處區域。因此，進行此文獻回顧的南加州大學學者便指出，基神經節可能是罵髒話行為的來源，與附近的大腦情緒中心邊緣系統協調作用。總而言之，罵髒話的行為與大腦深處情緒相關結構有關，另外又有證據指出髒話並非由大腦的一般語言中心處理，綜合後可得知，以神經生物學的角度來看，罵髒話與情緒有緊密關連。

所以罵髒話的一項意外好處就是提供額外的情緒表達語域。罵髒話是另一種額外程度的語言，可以真正溝通、分享你所感受到的深度情緒。觀察現實生活當中的例子，此說法相當合理。從海明威（Ernest Hemingway）的負面怒吼「初稿都跟屎沒兩樣！」（The first draft of everything is shit），到布莉歐妮・蕭（Bryony Shaw）說的「我他媽的超高興！」（I'm so fucking happy!），髒話用一種獨特的方式傳遞了深層情緒感受，比起沒有髒話的語句更能激起聽者共鳴。但是，你可能會覺得奇怪，如果真是這樣的話，為什麼大家不會整天滿口髒話呢？答案是罵髒話也有其禮節，雖然會不斷改變，但永遠不會消失。為了表達我的意思，讓我們先回到二十世紀初期吧。

說服人的究極技巧——罵髒話？

很久以前，我在櫥櫃的深處找到一本威廉・薩克雷（William Thackeray）的《浮華世界》（Vanity Fair）。書中多處都出現了 d 開頭的一詞（天殺的）。我相當訝異，因為此版本的書籍於一九〇〇年出版時，damn（天殺的）是不能印在書裡的詞。雖然這髒話在現代相當常見又沒什麼殺傷力，但在當時可說是粗魯無比！相較之下，現在出版的小說皆會完整印刷出髒話，因此這本二十世紀初小說裡頭的 damn 一詞，甚至比現在的「幹」（fuck）還粗俗。一九〇〇年的禮節規定盡可能不要使用 damn 一詞。但是，大家還是忍不住要幫對話加點料，因此隨著時間過去，這個字使用的頻率越來越頻繁。最後，這個詞的力道減輕了許多，並被其他更強烈的表達方式取代。但是 damn 在當初可是殺傷力相當大的詞呢。

克拉克・蓋博（Clark Gable）在一九三九年的電影《亂世佳人》（Gone with the Wind）一片飾演瑞特・巴特勒（Rhett Butler）一角時，說了著名的台詞「老實說，親愛的，這干我屁事。」（Frankly, my dear, I don't give a damn）。當時 damn 一

詞還被好萊塢製片規範委員會（Hollywood's Production Code Commission，又稱 Hays Code）認為是瀆神之詞，導致該片製作人被罰了美金五千元（在當時可是很大的一筆金額）。不過，電影公司願意承擔這筆罰款，因為電影公司認為這句對白會引起一陣旋風。最後的結果讓人跌破眼鏡。甚至在近期的二〇〇五年，這句台詞還在美國電影學院的美國電影史上前百台詞排行榜上票選第一。除了為髒話的力量提供絕佳例子之外，此句台詞同時也為北伊利諾大學的心理學家開啟了研究新方向，開始研究髒話是否能影響大眾對說話者的可信度和說服力感受（請參閱 Scherer & Sagarin）。

研究員推論，對髒話的態度自一九三〇年代至今有很大的變化，現在講者使用髒話來強調重點甚至可能增加可信度、讓聽眾更加信服。這裡所提出的問題是，增加說服力是否是髒話的隱藏好處？研究員請來志願的學生觀看五分鐘的影片，講者所討論的主題是降低大學學費。有時講者會在句子的開頭或尾端使用輕微的髒話 damn，例如「可惡，我認為降低學費是個很棒的點子。」（Damn it, I think lowering tuition（fees）is a great idea）。其他時候則消去髒話：「我認為降低學費是個很棒的點子。」各個情況當中的受試者必須衡量講者的可信度、論點的強度以及他們對降低學費的態度。

研究發現，與沒罵髒話相比，罵髒話會讓受試者對降低學費的態度較堅定。髒話也會增加整席演講的強度分數，但是講者的可信度分數並不會受到影響。這些研究結果顯示了使用髒話強調重點可以增加論點的説服力。髒話可以增加訊息給他人感受到的強度，但是卻不會改變講者的可信度。所以，罵髒話的一項好處就是可以增加你的説服力。不過，這個技巧還是少用得好。學生受試者在此實驗當中評比的論點（降低大學學費）已經是他們感同身受的議題。另一方面，先前有兩篇研究都無法證實罵髒話會增加説服力，不過這兩篇研究使用的議題並沒那麼容易讓聽眾選邊站。在此案例當中，髒話讓聽眾多了個理由可以反對此議題。所以，髒話的確可以加強論點，但前提是聽眾必須對此議題感同身受。

此説服效果很可能與髒話會勾起情緒的特點有關。但是，髒話除了會增加你對別人的影響力外，其他研究也指出罵髒話會對自己帶來益處。其實，這就是在下我本人研究所發現的結果。

用罵髒話來減輕疼痛感？

二〇〇四年，我的二女兒出生，我立志當個現代老爸，於是決定生產全程陪伴我的妻子。一陣子過後，我意識到事情不太順利，我們的女兒意外地想要從腳出媽媽的肚子。接下來的生產過程對我妻子來說漫長又艱辛，最後她痛到大聲罵出髒話。她在每次陣痛收縮時都喊出了驚人數量的咒罵詞。但是，陣痛減緩、疼痛感退去後，她開始覺得丟臉，覺得對不起護士、助產士和醫生，但下一波收縮來時卻又罵得更大聲。不過醫方人員顯然對這情形早已見怪不怪。一位助產士告訴我們，罵髒話在生產過程非常常見，而且是必有的一部分。女兒健康出生後，我們感到相當欣喜，一天當中情緒有高有低、起伏不斷，讓我覺得相當有意思。

我回到基爾大學心理系的書桌前時，開始思考為何疼痛會讓人罵髒話。這是種適應機制？發洩管道？還是怎麼一回事？我搜索了過去的文獻，想看看心理學家是怎麼看髒話與疼痛之間的關連。出乎意料地，我找不到任何與此主題相關的文獻，於是我便和同事討論此主題。我們在討論當中，提出了兩種疼痛時罵髒話的心理學解釋。

「解除壓抑」（disinhibition）解釋認為劇痛所帶來的壓力會使我們進入解除社交壓抑的狀態（不顧社交禮儀）、還會降低自制力，所以我們通常壓抑的字詞和想法都會在此時表達出來。另一個解釋則認為疼痛時罵髒話是「疼痛災難化」（pain catastrophizing）行為的表現。疼痛災難化是在經歷疼痛時、誇飾的負面「心向」（mental set）。災難式思考會將疼痛的威脅程度誇大化，提高感受到的疼痛強度。雖然第二個想法的確有其可信度，不過似乎還是不合邏輯。災難化時罵髒話會增強疼痛和不舒服的感覺，不過大多人此時是想減輕他們所感受到的疼痛。

接下來的數年間，我的學生跟我在基爾大學設計了實驗步驟，以衡量疼痛激發的罵髒話反應。我們參考了風行過一陣子的冰桶慈善挑戰（Ice Bucket Challenge）。冰水相當適合進行此實驗，因為冰水會引起疼痛、但不會造成實質傷害。受試者需將手放進冰水當中，直到他們受不了，或者直到滿五分鐘為止，此實驗的正式名稱為「冰水按壓範式」（cold pressor paradigm）。同時，我們請受試者罵髒話，而且重要的是他們罵的髒話是自行選擇的。起初我們請他們閱讀一段文章，並且在空格當中填入髒話或中立詞。之後，我們問受試者撞到頭或敲到拇指時，可能會說出什麼髒話，並且在將手放進冰水時重複這些髒話。各位可能已經猜到最常見的髒話為何了：幹（fuck）和該死（shit）。

在我們出版的第一份報告當中，我們證明了若在整個程序當中不斷重複罵髒話，忍受冰水挑戰的時間會更長、疼痛評分較低、心跳速率增加幅度也較高，相較起來，重複中立詞就沒有這些效果〔請參閱 Stephens, Atkins & Kingston〕。有鑑於罵髒話時心跳速率上升，我們認為受試者會對髒話產生情緒反應，激發「戰或逃」反應，產生「壓力引起的鎮痛作用」（stress-induced analgeisa）。這便是「戰或逃」反應當中一部分舒緩疼痛的機制。

在我們的第二篇報告當中，我們再次發現罵髒話能讓受試者忍受冰水挑戰的時間更長、疼痛評比較低、且心跳速率增加幅度較高〔請參閱 Stephens & Umland〕。研究結果跟第一次相同，讓我們鬆了一口氣。科學家將此稱為「重複」（replication），第二次實驗取得相同結果對於科學程序相當重要，代表研究發現的確可信。

除此之外，第二次研究還證明了罵髒話減輕的疼痛程度與每天罵髒話的頻率相關，請聽我深入解釋。在第二次實驗當中，我們另外請受試者估計他們在日常生活當中罵髒話的頻率，得到的回應從每天罵零至六十次髒話都有。有趣的是，與不怕髒話的人相比，每天罵髒話的頻率越高，罵髒話時增加的疼痛忍耐度就越低。此結果代表受試者已經適應了罵髒話，越常罵髒話、髒話所造成的影響就越少（以科學術語來說，罵髒話已經習慣化（habituated））。基於這些有力的實驗發現，我們建議不要在日常生活當中罵過多髒話，髒話的影響力才能在需要時完全發揮！

在我們的第三篇報告當中，我們打算探討情緒反應是如何導致疼痛耐力增加（請參閱 Stephens & Allsop ）。我們一開始時假設說話者罵髒話內心感到的情緒是激動。接著，我們要看看激動程度增加時，感受到的疼痛是否會改變。此研究當中，我們請受試者玩第一人稱射擊遊戲。受試者要在十分鐘之內探索虛擬環境、碰上敵人就開槍殺敵，與玩高爾夫遊戲的控制組相比，實驗組的確感到更為激動。實驗結果再次證明，玩第一人稱射擊遊戲的受試者忍受冰水的時間更長、心跳速率也會維持飆高的狀態。此結果符合我們的理論：罵髒話會透過激動情緒影響疼痛的感受。

所以，我們的研究證明了罵髒話可以幫助容忍疼痛，太常罵髒話會減輕效果，罵髒話讓人感到激動情緒、進一步觸發戰或逃反應。疼痛觸發的罵髒話行為似乎不是疼痛災難化的表現，若真為如此，那罵髒話應該會導致疼痛感覺增加。罵髒話反應似乎也不太可能是解除壓抑行為，因為這麼一來疼痛感受應該不會有改變，與我們的研究發現相抵觸。我們的研究反而指出，疼痛時罵髒話是一種疼痛管理的型態。罵髒話的一項意外好處就是能夠幫助你忍受痛楚。

雖然之前從來沒有科學研究證實這點，不過這道理似乎廣為護士、助產士和產婦所知。的確，此研究報告問世之後，數個線上網路辭典新增了 lalochezia 一詞，意指「使用粗俗語言減輕壓力或疼痛」。所以，如果你感受到了極大疼痛，卻無法馬上就醫，此時罵髒話的意外好處就能派上用場，可以使用髒話的鎮痛效果撐過一開始的難受片刻。不過，進到醫院之後最好還是別罵髒話了，畢竟髒話可不符合醫學禮儀。事實上，罵髒話的行為在診所相當少見，若真的發生，則代表事情危急了。

髒話有助於失智症？

想像你自己是一名在失智症診斷診所工作的心理學家。要快速判斷客戶是否有認知問題（也就是思緒和決策能力不像以前一樣迅速或可靠），可以使用我稍早提到的簡單測試，請接受測試的人說出（或寫下）以特定字母開頭的字詞，越多越好。最常使用的字母（並無特殊原因）包括F、A與S，所以此測驗經常被心理學家稱為FAS測驗（FAS Test）。

想像你跟客戶坐在診所裡頭，測試即將開始。客戶禮貌地微笑著，聽你說明指示，時間開始之後，他們絞盡腦汁試著想出F開頭的字。沉默一小段時間過後，客戶說出了個符合標準的答案：fuck（幹）。不久之後又說出了另一個：fart（屁）。但是，時間即將結束時，客戶卻說不出其他答案。加州大學洛杉磯分校的瑪莉・伊斯頓阿茲海默症研究中心（Mary S. Easton Center for Alzheimer's Research）的診所中經常出現此情形。進行試驗的研究員和臨床人員具備足夠的資源，足以進行針對這個奇怪的病人反應進行進一步實驗：不雅的語言能幫忙診斷失智症嗎？〔請參閱Ringman et al〕。

失智症是通常發生在老人家身上的大腦疾病。通常一開始會出現記憶問題，後來則繼續影響其他心智能力。失智症有許多種類，像是阿茲海默症（Alzheimer's disease）、血管型失智症（vascular dementia）、路易氏體失智症（Lewy body dementia）及額顳葉失智症（frontotemporal dementia）等。雖然失智症無法治癒，不過部分療法可以幫得上忙，只是要看失智症的類型來採取不同療法。因此，正確判斷病人患上的是何種失智症相當重要。很不幸，在患者生前要正確診斷幾乎是不可能的事，死後驗屍時開腦才能診斷出正確的失智症類型，但是此刻早就為時已晚！

有種類型的失智症稱為額顳葉失智症，是因為大腦額葉退化所導致。額葉的其中一個功能是阻止我們衝動行事、違反社交規範。正是因為如此，加州大學洛杉磯分校的研究員推論，患有額顳葉失智症的患者在FAS測驗中回答出髒話，似乎也沒那麼令人意外。另一方面，有阿茲海默症的病人照理來說應該不會回答出髒話，因為此類型失智症的大腦傷害較為廣泛。罵髒話是否有可能用來診斷病人所罹患的失智症類型？

學者進行的研究相當簡單。他們回頭翻閱以前的案例，找出所有疑似額顳葉失智症的失智症患者FAS測試分數記錄，以及所有臨床診斷為阿茲海默症的病例。整體測試結果顯示，每個群組說出以F、A、S開頭的詞量差不了多少（平均每個字母約五到九個詞）。不過額顳葉失智症患者說出fuck（幹）一詞的機率顯著高出許多，一共有六個人（百分之十九），阿茲海默症的病患則一個都沒說。有些額顳葉失智症的患者也會說出ass（屁股）和shit（屎）等詞，同樣地，阿茲海默症的患者則不會說出這些髒話。

額顳葉失智症的患者會說出fuck一詞，但阿茲海默症患者卻不會，此現象代表說出fuck一詞是額顳葉失智症的特殊病徵（pathognomonic）。「特殊病徵」的意思即為「特定疾病的特徵」。患者之所以會說出髒話，是因為對社會規範的意識降低、同時語言能力也受到損害，而這兩者都與額葉受損相關，是額顳葉失智症的特徵。不過呢，有鑑於超過百分之八十的額顳葉失智症患者並沒有說出fuck一詞，以FAS測驗時是否說出髒話來診斷額顳葉失智症，的確不太合理。因為部分患者會被挑出來，但沒說出髒話的患者則會成為漏網之魚。

可是，此研究也指出了另一個罵髒話的意外好處：罵髒話可以適度地幫助診斷不同類型的失智症，甚至可能讓療程及早開始。罵髒話這麼簡單又這麼日常的活動竟然可以透露出這麼重要的訊息，的確很讓人吃驚，甚至還能夠用來分辨不同的腦部傷害種類。當然了，失智症再怎麼說都是一件令人遺憾的事，但是看著熟悉的親戚罹患額顳葉失智症、開始胡言亂語罵髒話、表現得不像自己，肯定是一件很難受的事。此研究提供了相關資訊，或許能為患者的親朋好友帶來一些慰藉。

另一方面，在此篇出版研究報告當中並未實際印出任何完整的髒話，而是印出了f*ck、*ss、sh*t等字眼。此篇科學報告出版於近期的二〇一〇年，就此時間來看，似乎有點太過拘謹。近年來《衛報》（The Guardian）上頭皆會寫出完整的髒話，所有媒介的印刷髒話限制也遲早會全部解禁。有趣的是，研究報告當中卻完整寫出了fag（玻璃）與fart（放屁）等詞，表示一切可能還是要看編輯的判斷。當然了，如果想在討論髒話時達到最佳效果、惹怒最少人，在判斷時就必須要特別小心。本章的最後一小節當中將會驗證，髒話的接受與理解過程中，最重要的還是說出當下的語境。

說點髒話拉近彼此的距離

我們都知道罵髒話是粗魯的行為。如果有人走向你說：「幹，去你媽的，給我他媽的滾出去」，你生氣也是應該的。不過這其實並非必然。罵髒話其實非常仰賴語境，有些髒話在特定情形下可以被接受、有些則不行。舉例來說，曾經有調查向英國的電視觀眾詢問，他們可以接受電視上哪種情形所罵出的髒話，結果大多人都能接受因為疼痛或意外消息而罵出的髒話。另一方面，因為生氣而用髒話罵人、或是不自覺地在說話時添加一堆髒話，大多人都無法接受。不過，信不信由你，有些情況下罵髒話可以表示禮貌、以及對他人的體貼。要舉出這樣的例子，我們就要「南下」紐西蘭的洗衣精工廠，見見一群多年以來培養出強烈團體身份意識的工廠同事。

在紐西蘭威靈頓附近的佩托內，當時的利華蕊娜（Lever Rexona）工廠裡頭，有一群洗衣精包裝工自稱為「金剛戰士」。他們主要以男性同事組成，大約二十人，感情相當融洽。這些員工就像世界各地上的其他公司雇員一樣，最愛抱怨他們的老闆、其他部門的同事，還有說其他人的閒話。威靈頓維多利亞大學的學者每天錄下了工廠裡總時數超過三十五小時的對話（請參閱 Daly et al.），而他們很快就觀察到一些有趣的現象。在跟彼此說話時，金剛戰士用的髒話數量高居第一。以下舉個例子：其中一名同事在抱怨一條生產線的工作太無聊，於是說了「我他媽受夠這線了」，另一名同事回答「（另一線）更他媽糟糕」。再舉一個例子：兩名同事在抱怨加班費支付的程序太久，其中一個人說「幹，我上週又沒拿到加班費」，另一個人開玩笑回答：「他媽的閉上你的臭嘴巴，至少你還加班了，婊子」。第三個例子：兩位女性員工再說另一名員工的八卦，其中一個人說：「那個蠢貨做了我的壓膜工作……臭婊子……那些鬼東西在哪裡」。

有趣的是，這些對話其實都出自好意，沒人生氣、說出的話也帶有幽默。在此語境當中，原本極度不雅、語帶冒犯的咒罵詞，在長期同事的口中反而用來表示親近關係與同事情誼。不過，錄音對話裡，金剛戰士在與工廠裡其他非團體成員談話時，即使雙方在公司裡的地位相等，還是完全不會使用髒話。

髒話在此語境當中是一種團結的象徵，這些人知道大家的關係都很親近，因此互相罵髒話並不會導致任何後果。研究員表示，罵髒話的負面情緒能量在此語境當中轉換為正面屬性；fuck（幹）代表這群同事認為「彼此相當熟識，在你面前這麼粗魯也沒關係」。語言能有這麼細微的意義、如此充滿變化，其實也不是什麼意外的事。這正是現在有人會用 sick（有病）或 wicked（邪惡）來形容人事物很酷的原因，但他們真正的意思並非是指健康有問題或個性邪惡。字詞的意義會隨著語境變化，髒話也不例外。

此狀況不只發生在工廠裡。在軍隊、運動場、更衣室裡，也經常使用髒話來提升團結感。事實上，我在撰寫本章、跟同事討論紐西蘭洗衣精工人的研究時，附近剛好有個水管工人。這位水管工人一聽到就馬上表示贊同此情境。他告訴我，他今天早上自己跑了三個點、一句髒話都沒罵，但他知道下一個點會有同公司的其他同事在，「罵髒話難以避免」。

所以，罵髒話的另一個意外好處就是能拉近人與人之間的距離。罵髒話在此情境下並非粗魯不堪，反而是種共同語言、存在一種歸屬感。你可能會注意到，你在某些社交情況下絕不會罵髒話，其他情況下則會。但其實在後者的情況下，你可能是在下意識地使用「業界語言」形成社交感情。

髒話原來是種超脫「生與死」的語言

詳盡鑽研在公開場合罵髒話的研究指出，髒話約佔說話者每天所說話的百分之〇．三到〇．七。假設一般的說話者每天平均講出一萬五千至一萬六千個詞，當中約有六十至九十個髒話，而當中大半都是對話用、而非惡意使用。加州大學洛杉磯分校的學者錄下數千段罵髒話的片段，多次在實驗室環境中進行以髒話為主題的訪問，結果沒有一個受試者因此有肢體衝突或怨言。加州大學洛杉磯分校的研究員下了個合理的結論：罵髒話不會導致明顯的社交傷害（請參閱Jay）。這個結論看似極端，但其實政府機關也同樣有此看法。

最近在英格蘭和威爾斯上訴法院，有位大衛．麥可．賓恩法官做出判決，認為警官不太可能因為大眾罵髒話而覺得被騷擾或厭惡（請參閱Wardrop）。此案狀況如下，有位警察攔下一位年輕男子做藥檢，年輕男子在警察聽得到的範圍內罵了聲髒話。這位法官之所以會如此判決，是因為這個髒話使用頻率相當高、在日常生活當中經常聽到，而且最重要的是這名年輕男子並沒有朝著警察罵，而是表達自己的不滿情緒（例：「幹，我什麼都沒抽啊」）。很明顯，社會上對於何時能罵髒話這件事仍未下定論，但是罵髒話這回事已經不像以前一樣是個毫無好處的壞事了。

髒話能傳遞的情緒絕非其他詞語能比，而且本章當中也證明了，罵髒話有許多意料之外的好處。第一眼看來，把罵髒話當成心理學的研究主題似乎太過無聊。但是如果你認為心理學是研究人類心理的科學，而且同意人是有感情的生物（比較像寇克船長，而非史巴克先生），那麼把髒話看做情緒語言來研究，同樣也能改善心理學的內涵。

喜劇演員理查．杜林（Richard Dooling）於他的書《連珠砲：髒話、言論自由與性騷擾》（Blue Streak: Swearing, free speech and sexual harassment）中，他說了一句相當有道理的話：「三字經跟所有東西幾乎都無法脫節」（請參閱 Dooling ）。有個殘酷的網站記錄了黑盒子上錄下墜機駕駛所說的最後一句話（see www.planecrashinfo.com/lastwords.htm ）；在這死亡前的片刻，壓力和緊張情緒都升到頂點，罵髒話的情形當然很常見。網站上寫出了那些字詞，但本書當中並不會寫出來，畢竟少了語境就失去了意義。但是，這些哀傷的遺言強調了罵髒話一項非常重要的意外好處：從生產新生兒的媽媽到寶貴生命的最後一刻，罵髒話還真的成了生與死的語言。

延伸閱讀

Allan, K. & Burridge, K. (2009),'Swearing,' in Comparative Studies in Australian and New Zealand English: Grammar and Beyond, eds Pam Peters, Peter Collins, Adam Smith (John Benjamins, Amsterdam), pp 361–86

Bowers, J. S. & Pleydell-Pearce, C.W. (2011), 'Swearing, Euphemisms, and Linguistic Relativity,' PLOS ONE Vol. 6 Issue 7

Daly, N., Holmes, J., Newton, J. & Stubbe, M. (2004), 'Expletives as solidarity signals in FTAs on the factory floor,' Journal of Pragmatics, Vol. 36 pp 945–64

Dooling, Richard, Blue streak: Swearing, free speech and sexual harassment (Random House, New York, 1996)

Hughes, Geoffrey, Swearing: A Social History of Foul Language, Oaths and Profanity in English. 2nd Revised Edition. (Penguin, London, 1998)

Jay,T. (2009),'Do offensive words harm people?,' Psychology, Public Policy, and Law,Vol. 15 Issue 2 pp 81–101

Jay, T., Caldwell-Harris, C. & King, K. (2008), 'Recalling taboo and nontaboo words,' American Journal of Psychology, Vol. 121 No. 1 pp 83–103

Jay, K. L. & Jay,T. B. (2015),'Taboo word fluency and knowledge of slurs and general pejoratives: Deconstructing the poverty-of-vocabulary myth,' Language Sciences.

LaBar, K. S. & Phelps, E. A. (1998), 'Arousal-mediated memory consolidation: Role of the medial temporal lobe in humans,' Psychological Science, Vol. 9 No. 6 pp 490–3

McEnery,A.& Xiao,Z.(2004),'Swearing in modern British English: the case of fuck in the BNC,' Language and Literature, Vol. 13 Issue 3 pp 235–68

Ringman, J. M., Kwon, E., Flores, D. L., Rotko, C., Mendez, M. F. & Lu, P. (2010),'The Use of Profanity During

Letter Fluency Tasks in Frontotemporal Dementia and Alzheimer's Disease,' Cognitive & Behavioral Neurology,Vol. 23 Issue 3 pp 159–64

Ross, H. E. (1960), 'Patterns of Swearing,' Discovery,Vol. 21 pp 479–81

Scherer, C. R. & Sagarin, B. J. (2006), 'Indecent influence: The positive effects of obscenity on persuasion,' Social Influence, Vol. 1 Issue 2 pp 138–46

Stephens, R. & Allsop, C. (2012), 'Does state aggression increase pain tolerance?,' Psychological Reports,Vol. 111 Issue 1 pp 311–21

Stephens, R., Atkins, J. & Kingston, A. (2009), 'Swearing as a response to pain,' NeuroReport,Vol. 20 Issue 12 pp 1056–60

Stephens, R. & Umland, C. (2011), 'Swearing as a response to pain – effect of daily swearing frequency,' Journal of Pain, Vol. 12 Issue 12 pp 1274–81

Telegraph, The Daily (2008), 'Bryony Shaw prompts BBc apology by swearing after Olympic windsurfing bronze,' The Daily Telegraph, 20 Aug 2008. Downloaded 10 February 2012 from: www.telegraph.co.uk/sport/olympics/2589960/Bryony-Shaw-prompts-BBc-apology-by-swearing-after-Olympic-windsurfing-bronze.html

Wardrop, M. (2011), 'Swearing at police is not a crime, judge rules,' The Daily Telegraph, 21 Nov 2011. Downloaded 3 February 2012 from: www.telegraph.co.uk/news/uknews/law-and-order/8902770/Swearing-at-police-is-not-a-crime-judge-rules.html

Van Lancker, D. & Cummings, J. L. (1999), 'Expletives: neurolinguistic and neurobehavioral perspectives on swearing,' Brain Research Reviews, Vol. 31 pp 83–104

Case4
Floor it

把油門踩到底好嗎？

飛車場景和特技在影史上一向不退流行。早在默片年代，一九二〇年的電影《Get Out and Get Under》中，哈洛德．洛伊（Harold Llyod）從駕駛的車中跳出去拿掉落行李箱的場景讓觀眾興奮不已，下一幕當中甚至還誇張地徒步追上沒人駕駛但仍在前進的汽車。同一部電影的後半段中，洛伊甩掉了追逐他的警察，那是影史上數一數二、故意放置「此路封閉」引開敵人的例子。倒楣的警察走上錯誤的路，衝出未完工的道路，接著從車上摔出。

到了黑白電影年代的末期，飛車場景的真實性稍有提升。羅伯特．米強（Robert Mitchum）一九五八年的電影《Thunder Road》中，面目猙獰的執法官開著當代經典美國快車，如福特費藍（Ford Fairlane），追逐狡詐的非法酒精走私販。但是，影史上飛車追逐的片段真正成熟，則是在一九六八年《警網鐵金剛》（Bullitt）片中的經典追逐橋段。史提夫．麥昆（Steve McQueen）扮演的警察將福特野馬（Ford Mustang）GT390肌肉車的油門踩到底，在舊金山凹凸起伏的陡峭山丘上追逐壞人所開的招搖道奇衝鋒（Dodge Charder R/T）。

除了電影之外，在其他地方也可以看到飆車和開快車的描述。從柯林．德克斯特（Colin Dexter）的偵探小說《摩斯警長》（Inspector Morse）當中，可以看出開快車被認為是一種輕微的人格缺陷。主角摩斯喜歡喝啤酒、在女性角色之間穿梭，他的跟班是婚姻幸福穩定快樂的路易警官（Sergeant Lewis），兩人形成對比。雖然路易避免喝酒、有複雜異性關係和夜夜狂歡，他還是有另一個缺點，那就是喜歡在牛津附近的高速公路上開快車。

不過，這裡出現了一個問題。開快車的確是許多人的興趣，但是開快車又有陰暗的一面，全球許多安全駕駛的宣傳活動都點出了這一點，包括英國皇家事故預防協會（Royal Society for the Prevention of Accidents, ROSPA）一年前的標語「飆車會奪命」〔請參閱 ROSPA 〕。我們該如何看待此矛盾情形呢？此章當中會透過心理學研究報告探討開快車這回事，研究「油門踩到底」究竟是否有意料之外的心理學好處。首先，我們先來看看柯林・德克斯特筆下愛飆車的路易警官。也許各位讀者或你們身邊的人同樣也有此弱點。曾經有一篇精彩的心理學研究可以從你的開車風格看穿你的個性。

看你怎麼握方向盤，就知道你是哪種駕駛

想像你現在正在速限每小時六十哩（每小時一百公里）的高速公路上。此速限的道路很可能全為直線，鮮少有急轉彎。天氣很好，路上有些其他車輛，但不足以造成塞車，所以一路上挺順的。或許你開著收音機，或是正在播放音樂。或許你正在和車上的朋友或家人聊天。你從一座橫向的高架橋下通過，我要你靜止動作，觀察眼前的景象：橋下的景色、擋風玻璃、車內模樣、你自己的身體。你的手現在在幹嘛？雙手都在方向盤上嗎？說不定你的一隻手在打檔桿上，或者垂在窗戶外頭。我要你記錄下自己握方向盤的方式。如果是以雙手握方向盤，請以時刻方式表達雙手的位置，像是一點五十分、兩點四十五之類的。如果只以單手握方向盤，記下你的手是握在幾點鐘方向。

你肯定很疑惑，我究竟為何要請各位這麼做。我剛剛說過橋上站了些人了嗎？紐西蘭坎特伯里大學的學者就站在橋上，觀察你通過橋下時究竟是什麼模樣。〔請參閱 Fourie〕。他們曾經進行過好幾次的觀察，而且還出版數篇研究報告，討論駕駛風格與手的數量及位置之間的關連。在最新一期的研究，他們

觀察了超過兩千輛呼嘯而過的汽車。除了手的數量及位置之外，他們還記錄下了駕駛的性別、使用測速器測量出來的車速、以及與前車的距離。

那他們有何發現呢？幸好大半的人（百分之八十）至少都用一隻手握在方向盤上半部可見處。但是，只有四分之一的駕駛用雙手握住方向盤。大多駕駛都只用單手握方向盤，或者至少他們只有一隻手放在方向盤上看得到的地方。有趣的是，一般駕訓班都會建議要將雙手放在一點五十分的位置，如果真是這樣的話雙手照理來說都應該看得到。雙手都放在方向盤上半部的駕駛，是女性的機率比男性高上一倍，而且平均駕駛速度（每小時六十九公里）比單手或放手駕駛（每小時七十公里）低了一點。橋上的科學家同樣觀察到，雙手放在方向盤上可見處的駕駛與前車距離會稍微遠一點，平均大約六十公尺。單手或放手駕駛的與前車距離平均五十二公尺。

新手科學家可能會認為，這兩個情形同時發生，所以代表雙手的位置會直接影響速度和跟車距離。不過，兩件事同時發生並不代表兩者有因果關係。第二章當中討論適度飲酒和健康改善時，也曾討論過這種實驗結果關連的狀況。此研究並沒有告訴我們雙手的姿勢會導致危險駕駛，不過卻證明了雙手的姿勢代表有危險駕駛的可能。

如果你告訴我你是怎麼握方向盤的，我就可以告訴你：你是哪種駕駛。兩點四十五分、一點五十分或十二點五十五分的位置代表你開車的速度比較慢，而且會跟前車留較遠的距離。如果你想像自己開過橋下時是這個模樣，那就恭喜你是位安全駕駛。至於其他握法，譬如單手或放手駕駛，我想我應該也不用明講了吧。

但如果你喜歡開快車，可別擔心自己是孤獨的一匹狼。其實英國人有個壞習慣，就是喜歡開得比速限還快。在另一項調查研究當中，交通科學家站在路旁測量時速，發現在速限每小時三十哩的地區，有百分之四十七的車輛速度在速限以上（請參閱 Taylor et al ）。回想一下小說和現實生活當中開快車有多流行：開快車的魅力究竟何在？如果欲用心理學探究開快車的魅力，那麼最好先開始研究開快車的駕駛。

你以為你是F1賽車手嗎？

雖然聽起來可能不太科學，但直接詢問受試者的意見和舉動，其實是相當直接又常見的心理學研究方法。英國東英吉利大學的學者就採用了這種方法。他們找來四百六十四名超速被逮的英國騎士填寫問卷、解釋為何自己會超速，並整理出結果（請參閱 Blincoe et al.）。

大多被逮的騎士都是男性，而且就跟你猜測的一樣，他們給的原因五花八門。大多駕駛被開罰單都相當不開心。一位駕駛說：

「負責架攝影機的人應該被****抓去槍斃！」

有些人說他們不是故意超速的，是不小心看錯速限。在路上速限不一的情況下，這個問題特別常見：

「我被抓到超速的那條路速限從每小時三十到四十哩不等，這是無心之過。我以為速限是四十哩，所以我才會開到每小時三十九哩。」

其他駕駛說他們故意開到速限之上，因為他們考慮了天氣、可見度、行人數量和現代汽車的優越性能，認為車速太過緩慢。有一位司機說的相當精準：

「警察、政府等人說『飆車會奪命』，但這概念其實根本是謬誤，沒有科學證據。粗心駕駛和危險駕駛才會奪命，飆車本身不會。」

超速有時是意外造成、有時則是蓄意行為，此點在探討開快車的好處時相當有用。第二個意見特別有趣，因為這句話顯示了說話者根本不認為加速駕駛和車禍風險上升相關，完全貶低了車禍的危險性。不過車禍的危險可不容小覷。

F1賽車手V.S臨床心理學家

一九六二年，英國賽車手斯特林・莫斯（Stirling Moss）在英國南部的契赤斯特（Chichester）附近的古德塢（Goodwood）賽車廠參加百哩葛洛佛盃賽事。他是出了名的傑出賽車手，輕而易舉地就獲得在起跑處最前方出發的資格，領先其他競爭對手。不過，比賽開始之後，事情的發展令人始料未及。換檔的機械問題讓他落後給另一位英國傳奇賽車手，葛拉漢姆・希爾（Graham Hill）。莫斯落後希爾兩圈的距離，但他決定還擊。莫斯和希爾兩人並駕齊驅進入了時速一百二十哩的左轉彎，稱為「聖瑪麗」。希爾似乎不知道他已經被追上，於是開上平常的賽道，結果卻將莫斯擠出賽道。上了草地之後，濕滑的地面會使煞車和轉向機制失去作用，使駕駛無法按照原本的方向前進。打滑了一段距離之後，莫斯的沃克蓮花 18/21（Walker Lotus 18/21）單人駕駛賽車撞上長滿草的斜坡，爆成火球、煙霧和殘骸。

莫斯的大腿、手臂、頰骨和眼窩骨折，但衝擊力不斷加速卻帶來更糟糕的結果，導致他的右腦從頭骨上脫離。此情形相當嚴重，從破裂血管當中滲出的血可能會累積在組織層之間，導致血腫（haematoma）。血量增加到一定程度還可能壓毀柔軟的大腦組織，造成永久傷害。血腫讓莫斯昏迷了三十八天之久。

除了讓各位讀者了解開快車可能會有多危險之外，斯特林·莫斯這個案例的背後還有個精彩的心理學研究故事。倫敦愛金森莫利醫院（Atkinson Morley Hospital）的臨床心理學家貝雷尼斯·可力克勒（Berenice Krikler）負責治療莫斯，同時衡量他的傷勢寫進研究報告裡（請參閱 Krikler）。

可力克勒在治療過程當中負責從心理學角度來衡量，莫斯的大腦傷勢是否能夠復原、能夠復原到什麼程度。一般來說，心理學家會進行心智能力的標準測驗，例如記憶力、反應速度、手眼協調等等，並與測驗開發者所整理的「一般」病患成績比較。可力克勒認為頂尖賽車手可能會跟一般人大不同，因此一般的成績可能不適用。如果真是如此，那麼一般的分數比較對斯特林・莫斯來說就毫無意義。可力克勒很快地想出了解決辦法，她找來一小群當時的頂尖賽車手，也就是莫斯的朋友與勁敵，提供較實際的一般分數作為基準，以衡量莫斯的傷勢。

據莫斯授權出版的自傳所述〔請參閱 Edwards〕，可力克勒找來的賽車手包括伊涅司・愛爾蘭（Innes Ireland）、葛拉漢姆・希爾（Graham Hill）、布魯斯・麥克拉連（Bruce McLaren）、洛伊・薩瓦多里（Roy Salvadori）與傑克・布拉伯罕（Jack Brabham）。這些人就有如今天的費爾南多・阿隆索（Fernando Alonso）、路易斯・漢米爾頓（Lewis Hamilton）、奇米・雷克南（Kimi Räikkönen）、塞巴斯蒂安・維特爾（Sebastian Vettel）與詹森・巴頓（Jenson Button）。每位賽車手都接受了數項心智能力測驗。將他們的分數與一般人的分數比較過後，我們對於頂尖賽車手的心理組成有了精彩深入的瞭解。

賽車手的智商平均一二二，比一般的智商平均一〇〇還高，而且還落在所有人口的前百分之十裡。雖然如此，賽車手在手眼協調的測驗上沒比一般人好多少。測驗內容為使用尖筆順著標好的彎曲路徑描寫，不能超出邊緣。不過，賽車手們卻比一般人還要小心避免出錯。其中一項測驗需要受試者填入正確的序列字母（例如A、C、E、G、＿＿），賽車手按照自己的步調答題時的分數比平均還低，但被要求答快點時分數卻比平均高。研究當中還使用了一款早期的駕駛模擬器，稱為「哩數訓練機」（Miles Trainer）。此訓練機為一電子裝置，前方有螢幕會顯示需駕駛的道路影像，三不五時會有警報聲響起，需要受試者立即反應，用手或腳按下按鈕。賽車手將訓練機開到最高速時，對警報反應的速度最快，一般大眾則是在一般道路速度時反應速度最快。

整體來說，五位菁英賽車手的智力相當高，反應速度快（尤其是在壓力之下），而且集中力、控制力和判斷力都相當良好。不過，受傷的莫斯在這些測驗卻表現得一塌糊塗，尤其是描路徑的測驗。斯特林．莫斯現今差不多已完全康復，但他再也沒有參加過賽車。據說莫斯曾說過他控制汽車的技巧以前全靠反射、本能和直覺，但現在卻必須集中精神才辦得到。之前他可說是「全自動」開車，現在必須要在賽車場上仔細思考，讓他覺得自己的控制力下降。心灰意冷的斯特林・莫斯於是在一九六二年，以三十二歲的壯齡退出賽車圈。

毀掉斯特林・莫斯職業生涯的這場意外清楚展示了快速駕駛（或說快速停止）有多危險。你可能會認為，有鑑於賽車場上的職業車手意外歷史，例如吉姆・克拉克（Jim Clark）、吉爾斯・維倫紐夫（Gilles Villeneuve）與艾爾頓・賽納（Ayrton Senna），一般的司機應該要特別注意開快車的危險才是。不過事實似乎卻非如此，原因究竟為何？或許這是因為賽車和一般的公路駕駛相差甚遠，就車型種類、安全設備的使用、以及速限的有無來說都是。或許賽車和公路駕駛實在太過不同、無法比較。其實有些心理學研究的證據可以證明此點，而在此研究當中，心理學家幾乎可說是坐上了賽車駕駛座無誤。

我不用視覺，只用記憶開車

賽車手在熟悉的賽道上，不需要與一般的道路駕駛用同樣方式使用視力，此研究便以此概念為基礎。一般的道路駕駛會使用視力來感知路的方向與其他重要事物，例如方向燈或交叉路口，賽車手已經相當熟悉賽道，所以他們只將視力用來更新自己車輛在賽道上的位置。總之，這就是背後的理論。一組學者請來三級方程式賽車手湯瑪斯・施克特（Tomas Scheckter）在列斯特夏（Leicestershire）的馬洛力公園（Mallory Park）賽車場繞圈，並研究他的眼動軌跡。學者裝上了兩架攝影機，一架在賽車手的頭盔上往前攝影，另一架則從擋風玻璃外拍攝他的眼球移動。兩架攝影機以電腦程式連接，記錄下賽車手在賽道上加速時，究竟會在看視野的何處。

如同最初所猜測，學者發現賽車手在高速時幾乎不太仰賴視覺來控制方向。賽車手不像一般道路駕駛，不會注意路上的特徵，例如路緣或轉角頂點（頂點指的是彎道內側的中點），反而將視野固定在賽道上最遠的可見處。此研究結果相當合理，賽車手是用記憶在駕駛，因此只需要隨時更新自己在賽道上的位置，才知道須做出怎樣的動作（轉向、煞車或加速）。賽車手將視線集中在最遠處也很合理，因此才能盡早注意到前方是否有障礙或是其他問題。

此情形唯一的例外就是在U型彎道時，駕駛會在靠近時迅速地從左看到右。其實這是賽道賽車經常使用的技巧：選擇賽道旁邊具體的標的物，例如柵欄或草叢，接著依據它判斷煞車的動作。此技巧能讓駕駛以最佳效率煞車：不會太早、浪費寶貴時間，也不會太晚煞車、以免打滑出賽道。就連現今的一級方程式賽車手也會使用這種技巧。如果你仔細注意，就會看到接近每個彎道時，路邊的告示就會從三百公尺、兩百公尺和一百公尺開始倒數。

此研究清楚證明了賽車與一般道路駕駛相當不同。兩者之間的差距相當大，因此要道路駕駛依賽道賽車來判斷開快車的風險，是相當不合理的。此現象可以稍微解釋為何道路駕駛不明白開快車與風險相關。不過，許多駕駛會高估自己的駕駛能力，進一步讓他們忽略了開快車的風險。原來就連技術非常好的駕駛，都相當不會衡量自己的駕駛能力高低。

真的有超級駕駛嗎？

一九七〇年代，有些駕駛自認駕車技術比其他人好，因此美國開始了遊說運動，希望能頒發「超級駕駛」駕照給技術特別良好的駕駛。這些菁英駕駛的風險照理來說比較小，而此類駕照的其中一項好處就是保費會較低。此處的關鍵字是「照理來說」。社會上真的有一群技術特別純熟、開車特別安全的駕駛，應該要享有這些好處嗎?若要測試技術較好的機車騎士是否較為安全，最好的辦法就是找出一群受過訓練、駕駛技術高於常人，並且調查他們在公共道路上駕駛的記錄。有群學者就打算這麼做，但首先他們必須要找出一群技術純熟的駕駛和車迷。他們最後找出來的族群一共有四百四十七人，大半都是男性，皆為美國賽車俱樂部的賽車手成員，來自佛州、紐約與德州各地。這些駕駛授權學者取得他們的公路駕駛記錄、進行研究。如此一來，研究者便能比較賽車手與非賽車手族群比較組的公路車禍紀錄、超速罰款和過去五年來的其他違規項目（請參閱 Williams & O'Neill ）。

有趣的是，訓練有素、駕駛技術應該較好的賽車手群組不但違規次數沒有比較低，情形還完全相反。賽車手的超速罰款比例幾乎是一般人的兩倍，而且車禍和其他違規項目的比例也比非賽車手還高。此結果明顯和研究一開始的假設互相抵觸。照常理來說，這群特別愛車、愛開車的賽車手駕駛技術應該更為成熟，因此開起車來較為安全。不過，結果完全相反：雖然賽車手的駕駛能力和汽車控制技巧八成比一般人好，但這些技巧並不是為了開車安全所培養出來的，而且賽車手還比一般人可能違反道路法規、並且導致車禍。

當然了，這已經是四十年前的研究，各位可能會認為現今的賽車手會較注重公路駕駛的安全。不過此份研究並沒有更新的版本，因此沒人知道確切的答案。不過，這份研究還是證明了好駕駛與安全駕駛是兩回事，而且我們沒理由假設此情形會有所改變。就算是一群技巧高超的車迷，似乎也不太會理會速度與安全之間的關係。那在一般道路駕駛情形時，速度究竟是不是危險因子呢？稍早我提到了一篇研究訪問了被逮到超速的機車騎士，他們表示超速本身絕對不會產生安全風險。但這是真的嗎？

開快車就容易出車禍嗎？

為了調查速度與車禍之間的關係，英國公路研究組織「交通研究實驗室」（Transport Research Laboratory）的學者拿著測速槍和筆記本在路邊進行測試（請參閱 Taylor et al ）。他們記錄下許多經過車輛的牌照號碼與車速，接著從英國駕照與行照發照署（UK Driver and Vehicle Licensing Agency）調出車主的資料，並且發送問卷給車主，詢問當時是誰在開車、他們自己碰過幾場車禍。

一共有超過一萬名機車騎士回了信。自從他們學會騎車起，平均每四年皆會碰上一場車禍。比較雷達監視哨所測到的車速與車禍次數之後，研究員收穫滿滿。平均速度每增加百分之一，高速公路上的車禍就會增加百分之十三，高速公路以外的車禍就會增加百分之八。以簡單點的方式來說，如果高速公路上一段路的平均車速為每小時七十哩，開到每小時七十二哩的駕駛發生車禍的頻率並非每四年一次，而會增加成每三年一次。若一生駕駛的時間長達五十年，那麼車禍次數便會大幅增加。車速的增加幅度如此小，竟然會如此大幅地提高車禍機率。先前提到的研究指出，單手或放手開車的駕駛，平均車速會比雙手放在方向盤上可見位置的駕駛高出每小時一公里，將兩個研究共同考慮，結果使人不寒而慄。

不過，另一方面，大家先別太激動，我得先指出此研究結果同為兩個現象同時出現的案例，就像本章一開始所提到的駕駛雙手位置的研究。就算開車速度比較快的駕駛更常出車禍，也不代表超速會導致車禍。應該說粗心的駕駛較常出車禍，而且還比較常違反速限。所以，此研究不能證明車速增加會導致車禍機率增加。但是，就我們一般對車禍的瞭解來看，高速開車似乎很可能會導致車禍，或者，至少是其中一個原因。

仔細想想，車禍通常不是因為單一原因而發生，而是一連串不幸事件的結果。舉例來說，有位駕駛在高速公路上開車換道時，可能會忘記檢查盲點，也就是肩膀旁需轉頭才看得到、後視鏡照不到的區域。通常此舉不會導致車禍，因為不太可能此時剛好有車迎頭趕上。就算真的剛好有車迎頭追上，隔壁道的駕駛通常也會閃躲。但是如果同一時間，另一位駕駛將眼神從路上移開，瞄了一眼衛星導航螢幕呢？此情況下若再加上超速的條件，那麼兩位駕駛的反應時間就會大幅縮短，車禍機率也會大幅增加。

總而言之，研究指出開快車與危險駕駛之間有關連。那為什麼還是有這麼多駕駛無視這件事情？因為駕駛每天日常生活都在開車，車禍反而相當少見（普通開車上路幾乎不太可能出車禍），因此大多駕駛不會意識到開快車與車禍機率增加有關連。因此，駕駛之所以開快車是因為……究竟是為什麼呢？我猜忽視（或小看）車禍的風險是大家開快車的藉口，但這卻不是合理的解釋。風險只是成本效益權衡當中一半的要素，我們還沒探討另一半，也就是大家心目中開快車的效益。接下來我們打開心理學家葛拉罕・霍爾（Graham Hole）的著作《駕駛心理學》（The Psychology of Driving），看看他所提出的有趣意見（請參閱 Hole）。

快車和快感

有些人特別喜歡追求刺激又新奇的不同體驗，心理學家將之稱為「感官刺激尋求」（sensation seeking）。通常要追求這種刺激，就必須考量到尋求者願意接受的風險程度。尋求感官刺激的人通常喜歡攀岩、深潛、滑翔翼或降落傘等活動。學者發現，尋求感官刺激的人會從刺激體驗當中獲得快感，而且較無法忍耐無聊的生活，也不會像其他人一樣有所顧慮（請參閱 Roberti）。

葛拉罕・霍爾寫道，感官刺激尋求有可能可以解釋開快車的吸引力。首先，男性比女性喜歡追求感官刺激，而且男性開快車的比例也比女性高（先前提到的研究當中，被逮到超速的駕駛幾乎都是男性）。除此之外，研究還證明了尋求感官刺激跟從事冒險駕駛行為（如開快車）之間有關連。另一方面，此關係其實相當單純：一項研究訪問了高中學生，證明了喜歡追求感官刺激的人比他人更可能開到時速每小時八十哩以上。不過，後來發現大部分受訪的學生（八成）都承認曾經開到時速每小時八十哩以上，因此讓此研究的結果可信度大打折扣。事實上，大多人都有開快車的習慣，並非限於喜愛追求感官刺激的人。

所以呢，雖然尋求感官刺激表面上似乎可以解釋開快車的魅力，但許多開快車的人其實根本不喜歡追求感官刺激。因此，葛拉罕・霍爾認為感官刺激尋求只是危險駕駛和超速的一部分原因。我認同他的說法，甚至還敢進一步說追求感官刺激根本不能解釋開快車的魅力。開快車的刺激和感受究竟為何值得追求？感官刺激尋求的說法根本無法回答這個問題。

在「車迷文化」裡頭，特別強調高速行駛的快感搭配駕車技巧，從車迷雜誌和國際合作的電視節目《最快檔位》（Top Gear）的名稱便可看出一二。但是，我先前介紹的所有心理學研究都沒有提到開快車的樂趣。或許享受心理學的角度可以幫助我們理解開快車的魅力。

米亥・戚森密海（Mihaly Csikszentmihalyi）提出了心理學的「心流理論」（Flow Theory）以解釋快感這回事〔請參閱 Csikszentmihalyi & LeFevre〕。他使用心理學研究的「體驗採樣」（experience sampling）作為基礎。受試者需隨身攜帶電子儀器，儀器會在特定時刻響起數次，持續時間可能是一整天、數天或數晚。受試者必須詳細記錄下儀器響起當下的行動或想法。採取到的資訊可讓學者從個人經驗當中取樣，因此能建立當時行動與感受的關連。

依據心流理論，享受的感覺結合了新奇以及克服挑戰的成就感〔請參閱 Csikszentmihalyi〕，另外挑戰的程度也很重要。一項活動要讓人享受於其中，就必須要有一定的成功完成機率，不過不需要是百分之百。在這些條件之下，你完全融入、全神貫注在該項活動裡頭，完全忘記其他考量的感覺就叫「心流」（flow）。在心流當下，你接受到挑戰，但是又有自信能夠成功。此狀態需要全神貫注、全心投入享受，而且時間似乎會過得特別快。有趣的是，戚森密海的研究當中，若受試者攜帶的「體驗採樣」電子儀器響起時，他們剛好在開車，則經常會回報有心流的感受。〔請參閱 Csikszentmihalyi & LeFevre〕。

但是駕駛也是有所差別，有些開車的片刻就是比其他時刻還有趣。我認為在城市車陣裡開車、經常開開停停會是冗長單調的過程。除此之外，長途旅行中一成不變、毫無特色的公路甚至會無聊到讓駕駛分心，或該說是做起白日夢的自我分神（self-distraction）才對。

別做白日夢！快看後照鏡！

大眾經常提到的心理學概念「迷失在白日夢裡」（lost in a daydream），同樣也為一九六〇年代一匙愛樂團（The Lovin' Spoonful）的同名歌曲，讓人不禁思考在開車時做白日夢是否無妨。一開始心理學家想不出究竟該採取什麼方法進行研究。究竟要怎麼讓人做白日夢？又要如何在受試者開車的時候測量這一點？不過這對伊利諾大學的學者根本不成問題，他們決定使用高仿真駕駛模擬器進行實驗（請參閱 He et al）。模擬器以一輛真正的車組成，放置在實驗室裡頭，方向盤和踏板由電腦控制，車身周圍則環繞了三百六十度螢幕，投影出電腦生成的道路與風景影像。我自己也曾經在英國道路研究組織「交通研究實驗室」使用過類似的模擬器，而且使用起來的感覺相當像真正在開車的感覺。

為了引發白日夢，研究員刻意模擬了無聊的駕駛旅程場景讓受試駕駛使用。道路毫無彎道，而且對向也沒有來車。前方有一輛車，受試者必須開在安全距離內。研究員另外加上後方一輛跟車，鼓勵受試者多看後照鏡。唯一打破單調情境的就只有三不五時產生的側風。這是相當理想的實驗場景，實驗開始不久之後，受試者就開始做白日夢。當他們意識到自己開始做白日夢時，就必須按下方向盤上的一個按鍵。在一小時的車程當中，每位駕駛平均會做五．七次白日夢，大約每十分鐘就會發生一次。你可能已經猜到了，在側風生成時，做白日夢的機率稍微低了些。

為了檢驗白日夢是否會影響控制汽車的能力，研究員比較了按下按鈕前後九秒的駕駛表現。有趣的是，做白日夢不會影響平均速度、跟前車的距離、汽車在線道上的位置表現（不會左右飄移、而是待在中央）、或是駕駛選擇注視的前方距離。但是，在做白日夢時，駕駛通常會固定車速，一般情形下則是會依照附近的車子稍微調整、校正位置，並且加速或減速。另外，最重要的是，做白日夢的駕駛比較常直直地看前方，較不常看後照鏡。

這項研究的結論是，邊開車邊做白日夢會有些許的安全風險。做白日夢時眼神經常直視前方，代表駕駛不會像一般時候環顧四周，或是注意身邊的道路環境。這代表做白日夢的駕駛較不容易注意到道路上的其他車輛，可能會造成車禍機率增加。這點結論相當有用，這樣一來我們就知道開車做白日夢驚醒時，當務之急就是：快看後照鏡！

當然了，駕駛模擬器是一回事，在路上開真正的車輛又是另一回事。受試者很清楚自己不是真的在開車，所以就算出車禍也不會造成傷害或受傷，此想法肯定會些微改變駕駛作業時的表現。另一方面，駕駛模擬器可能會是非常令人融入的經驗。我有一次駕駛模擬器時，開到了電腦生成環境的盡頭，接著開出了路緣，進入一片全白的空間，讓我感到相當不安。我停了下來，打開車門，站在原地回頭看模擬的汽車和卡車朝著我開，直到公路和白色虛無的交界處，接著憑空消失。

勇於挑戰的台灣機車騎士

駕駛有時很有意思、有時又很無聊。知道了這點，我們就離飆車的意外好處又近了一步。心流理論當中曾提到享受感與挑戰之間的關係，這點在此非常重要。任何情境當中的挑戰程度降低了，心流的感受（享受）程度也會減少。但是這也暗示了一件事情：如果某項活動變得不好玩了，那麼增加挑戰就可能提高享受程度。或許加速就是在提高日常駕駛的挑戰程度。速度較快時，駕駛所受到的挑戰也較高，因為他們必須在緊急狀況之下針對道路環境做出反應。或許風險高、挑戰程度高，開快車的意外好處才會隨之現形。有項在臺灣進行的研究支持了這項看法（請參閱 Chen & Chen）。

研究員找上兩百七十七名機車騎士，大多為「重型機車」（而非速可達或輕型機車）的男性騎士，並問了他們一系列問題，瞭解他們騎機車的習慣、以及他們對騎車的看法。此研究特別包括了心流理論所延伸出來的問題，詢問騎機車的挑戰程度與享受程度，像是：「我認為騎重型機車相當有趣」，另外還包括意圖和超速經驗等問題，像是：「騎乘重型機車時，若情況允許，我會刻意加速」。另外研究員還問了對於加速和感官刺激尋求的看法。

有趣的是，在所有問題當中，最能解釋加速這一回事的就是與挑戰和享受程度有關的問題。重視挑戰和樂趣的騎士，也比較可能表示自己會加速到速限之上。愛尋求高度感官刺激的人特別如此。駕駛條件缺乏挑戰時，加速行為代表駕駛覺得無聊，也有可能是抵抗無聊的解藥，此研究結果與這些想法都相當吻合，或者該說對追求高度感官刺激的駕駛來說的確如此。

抵達終點線

本章從虛擬與現實世界的角度，討論了開快車的魅力，同時詳細檢視數項心理學研究，探究了開快車魅力背後的科學原理、猜想「飆車」的可能好處。有些被抓到超速的人是不小心的，但有些人則是故意超過速限。另外，我們也看到了斯特林．莫斯的車禍，並跟著臨床心理學家追蹤他的康復過程。我們從賽車手的視角明顯看出，公路駕駛和賽車是非常不同的兩項活動。我們還發現了駕駛安全與駕駛技巧（基礎能力以上）無關，速度越快、危險越高。另外，各位還可以從自己握方向盤的姿勢瞭解自己是怎樣的駕駛，而且還獲得了寶貴意見：開車做白日夢驚醒後，當務之急就是快看後照鏡。

瞭解開快車究竟有何好處的過程中，我們否定了追求感官刺激的空洞解釋，因為這只會讓我們進一步質疑為何超速是值得追求的感官刺激。享受心理學，尤其是心流理論，給了我們一種解釋說法：對於有些人來說，超速增加了日常駕駛的挑戰性，駕駛可能希望藉此擺脫無聊的感受。

速度越快、車禍風險就會越高，但許多人不將這件事放在心上；另外，有些駕駛會刻意加速，使日常平庸的車程更加有趣、令人享受；兩者結合，開快車的魅力因此從中而生。不過，我們也可以用另一個角度來看這件事。向駕駛宣傳超速會增加車禍風險的常識，同時設法讓車程變有趣，就能減少公路上超速的情形，進一步提升公共安全，又不會降低駕駛的享受感。這當中的挑戰就是，我們必須設法想出一種安全的辦法，使日常駕駛更加有趣、更有挑戰性。

延伸閱讀

Blincoe, K. M., Jones, A. P, SauerzapfV. & Haynes, R. (2006), 'Speeding drivers' attitudes and perceptions of speed cameras in rural England,' Accident Analysis and Prevention,Vol. 38 pp 371–8

Chen, c. F. & chen, c.W. (2011),'Speeding for fun? Exploring the speeding behavior of riders of heavy motorcycles using the theory of planned behavior and psychological flow theory,' Accident Analysis and Prevention,Vol. 43 pp 983–90

Csikszentmihalyi, M. & LeFevre, J. (1989), 'Optimal experience in work and leisure,' Journal of Personality and Social Psychology,Vol. 56 Issue 5 pp 815–22

Csikszentmihalyi, Mihaly, Flow:The Psychology of Happiness: The Classic Work on How to Achieve Happiness, (Rider, London, 2002)

Edwards, Robert, Stirling Moss: The Authorised Biography (Orion, London, 2001)

Fourie, M., Walton, D. & Thomas, J. A. (2011), 'Naturalistic observation of drivers' hands, speed and headway,' Transportation Research Part F, Vol. 14 pp 413–21

He, J., Becic, E., Lee, Y. c. & Mccarley, J. S. (2011), 'Mind Wandering Behind the Wheel: Performance and Oculomotor correlates,' Human Factors,Vol. 53 Issue 1 pp 13–21

Hole, Graham J., The Psychology of Driving (Lawrence Erlbaum Associates, New Jersey, 2007)

Krikler, B. (1965), 'A preliminary psychological assessment of the skills of motor racing drivers,' The British Journal of Psychiatry, Vol. 111 Issue 471 pp 192–4

Land, M. F. & Tatler, B. W. (2001), 'Steering with the head: The visual strategy of a racing driver,' Current Biology,Vol. 11 Issue 15 pp 1215–20

Roberti, J.W. (2004),'A review of behavioral and biological correlates of sensation seeking,' Journal of Research in Personality, Vol. 38 pp 256–79

ROSPA.'A history of road safety campaigns.' Downloaded 2 February 2015 from: www.rospa.com/rospaweb/docs/advice-services/road-safety/history-road-safety-campaigns.pdf

Taylor, M. c., Lynam, D.A. & Baruya,A. (2000),'The effects of drivers' speed on the frequency of road accidents,' TRL Report 421. Bracknell:Transport Research Laboratory

Williams, A. F. & O'Neill, B. (1974), 'On-the-road driving records of licensed race drivers,' Accident Analysis & Prevention, Vol 6 pp 263–70

Case5
Fancy that

戀愛的科學實驗時間

你心中有沒有一首愛歌？歌詞是不是跟戀愛有關呢？如果你第一題的答案是「有」，那麼第二題的回答八成是「是」，因為愛情故事是亙古以來最受歡迎的歌詞題材。事實上，從六〇年代到八〇年代，「愛情」都是暢銷歌曲排行榜上最具影響力的主題。九〇年代稍微滑落至第三名，接著在二〇〇〇年代又掉至第九名，但是卻始終沒掉出前十名過。此現象證明了愛情在現今的流行樂壇相當持久。但是，真相或許與你想像的有點不同。假設你有部電腦可以分析一九六〇至二〇〇九年的所有暢銷單曲歌詞，你認為是快歌還是慢歌歌詞裡比較常出現「愛」字？

北卡州立大學的行銷學者就進行了此一研究，使用電腦了分析過去五十年九百五十六首冠軍單曲的一萬五百五十六個字詞（請參閱 Henard & Rosetti）。雖然「愛」（love）是數一數二最常出現的詞，但是大多是有關失去愛情的悲傷歌曲，而非正向的鼓舞情歌。想想看戴爾・珊農（Del Shannon）一九六一年的冠軍單曲《逃亡》（Runaway）——「我漫步在雨中／眼淚落下，我心如刀割」；或是近期英國團體 JLS 於二〇〇九年的冠軍單曲《人人陷入愛河》（Everybody In Love）——「他們離去，我不知該如何繼續走下去」。

你可能認為流行樂的歌詞不是人類情感的最佳指標，但我可不這麼想，廣告業者也不這麼覺得。他們認為情緒相當重要，因此廣告的訊息必須要能引起消費者的共鳴，讓他們掏出錢買更多東西。廣告業者認為，流行樂是最高價值的音樂類型，因為流行樂最容易有成效。音樂可以讓人比較不容易覺得廣告無聊，專業術語稱為「消退」（wear-out），而且音樂還能讓廣告在人腦中留下較深的印象。因此，廣告業者才會委託學者進行剛剛提到的流行歌詞研究。但是，比起讓人興高采烈，愛情真的比較容易讓人垂頭喪氣嗎？

從生理層面來看，強烈的愛意可以讓人心跳加速、顫抖、食慾減退，還會帶來其他的刺激情緒興奮症狀，包括性方面的反應。強烈的愛意還可以產生欣喜的愉悅情緒。不過，愛情還有更偏執的一面，包括不停想起對方、想隨時跟對方在一起。這代表若沒辦法與愛戀對象在一起，愛情也可能會產生強烈的沮喪感。

研究流行歌曲歌詞後，我們得知愛戀帶來的負面效果其實比正面效果還多。歌曲當中說愛情是「讓人心癢心痛」，而不像「手牽手我們一起走」那麼甜蜜。本章要探討的就是愛情黑暗偏執的一面，我們要探討愛戀的科學，揭開愛情甜蜜的假象。與一般人想像的不同，談戀愛說不定其實對你有壞處。

愛情與香菸

大多人在成年前都會體驗過愛情的滋味，體驗過那種想跟另一個人在一起的感覺。內華達與杜蘭大學的人類學家詳盡分析了全球一百六十六種人類社會的書寫作品，多虧了他們，我們得以測量戀愛的情形散佈得有多廣（請參閱Jankowiak & Fischer）。他們所研究的文化五花八門、應有盡有，包括了南非喀拉哈里沙漠中的狩獵採集社會、亞馬遜雨林的亞諾瑪米（Yanomami）村落居民、北極的放牧社會與西元一〇〇〇年的中國宋朝百姓。這些文化當中明顯指稱愛情的片語包括了「心如著火」、「愛慕之情」以及「無止盡的絕望之愛」。他們分析了上述文化的文件，發現百分之八十八的文化當中都有至少一個經典愛情故事的案例。其他文化當中雖然沒有這種故事，但這只能說是因為缺乏證據、而非證據互相抵觸，因為這世上沒有文化以法律禁止人民談戀愛的例子。此研究證明了全球的文化都有愛情這回事，愛情甚至是作為人的其中一個要素。

既然各個文化當中都有愛情這回事，那麼心理學家和其他人類行為學學界早就開始進行與愛情相關的研究，也讓人一點也不意外。一九七〇年代，心理學家桃樂絲・特諾維（Dorothy Tennov）創造了「深戀感」（limerence）這個詞，在她的書《戀愛與深戀：陷入愛河的經驗》（Love and Limerence: The Experience of Being in Love）中描寫強烈愛意的感受。不過這個詞並沒有流行起來，原因八成是因為語義沒有源由；「limer」僅僅是念來好聽而已，但其實根本沒有意義。

要以科學方法研究愛情，有個非常簡單的方法，那就是請在談戀愛的人報告他們自己的感受。「熱情之愛量表」（Passionate Love Scale）是心理學家於一九八〇年代所設計出來的問卷，目的便是為了研究愛情（請參閱 Hatfield & Sprecher）。問卷裡一共有三十個與愛情相關的問題，包括：「我對＿＿＿的感情需索無度」；「與＿＿＿深情對看時，我的心會融化」；「如果＿＿＿離開我，我會覺得絕望」。（附註：需在「＿＿＿」裡頭填入摯愛對象的名字）。受訪者需針對每個問題勾選「不太正確」、「正確」或「完全正確」。雖然這個問卷沒用到什麼科技，但幾年來卻證明了相當有用。中央佛羅里達大學的心理學家使用了熱情之愛量表衡量不同年紀的美國男女對於愛情的體驗（請參閱 Wang & Nguyen ），結果相當令人出乎意料：研究員發現所有年紀的成年男女都會感受到相同強度的愛意。

你可能會覺得，所有年齡、文化的人都會陷入愛河，這是件相當美麗的事，但是我可不這麼認為。老菸槍的思考自相矛盾，認為抽煙會讓人生值得走一遭，但同時也會縮短預期壽命。談戀愛的道理也大同小異，能讓人覺得人生充實值得，但同時也讓人難以承受，就像流行樂歌詞所寫的一樣。我竟然把談戀愛和抽煙相提並論，各位可能已經開始覺得我腦袋不太正常了吧。但是，你可別以為我認為別談戀愛為妙只是隨口胡謅。愛情的科學可是證據確鑿，首先我們要來看的科學研究證實了我們口中的「愛情」只不過是一種幻覺。

是誰在搞鬼

一九六〇年代初期，紐約哥倫比亞大學的心理學家（請參閱 Schachter &

Singer」找來一群志願受試者進行實驗，並幫他們注射了腎上腺素，但他們卻告訴受試者針管裡的是名為蘇普隆辛（Suproxin）的維生素，其實這個名字是胡謅的。研究員告訴他們注射的目的是為了觀察維生素對視力的影響，但其實這也不是真的。針頭打進他們的上臂，腎上腺素注射進體內後，便會進入受試者的動靜脈，並使他們的身體開始產生反應。腎上腺素會讓他們的血壓上升、心跳加快，身體還會稍微顫抖、臉頰發熱，呼吸跟著變急促。這些身體變化很明顯，受試者很容易便能感覺得到，而且很可能驚慌失措、搞不清楚狀況。

此時受試者雙雙被帶進一間房間裡填問卷。不過，開始不久之後，每對受試者當中的其中一人開始有奇怪舉止。有時他會自顧自地玩了起來，像是揉紙團、射紙飛機、玩彈弓、甚至是搖呼拉圈。有時他會因為問卷的問題變得非常生氣，說出「打死我都不回答第二十題」或「去他媽的！我才不用告訴他們這種事」。在此告訴各位，有奇怪舉止的受試者清楚所有的實驗內容。假扮成一般實驗受試者的安插人物通常稱為「內鬼」（stooge）。在此實驗當中，內鬼會小心翼翼避免暴露身份，但他們的一舉一動其實都是跟著心理學家的指示走。

究竟為什麼要給受試者注射腎上腺素，接著把他們和一個搞怪或暴躁的人關在一起呢？

研究員之所以要替不知情的受試者注射腎上腺素，是想要觀察身體和心靈之間的交互作用。他們最想探討的是一個人類情感的研究問題：當我們感受到情緒時，究竟是心理還是生理先起反應呢？換句話說，當我們對某個人事物感到一股強烈的情緒反應，假設是胃因為恐懼而翻騰（有時稱為「腸胃反應」），是我們的心靈先感受到恐懼、接著觸發腸胃反應，還是身體先產生了腸胃反應、接著被我們詮釋為恐懼呢？

研究員懷疑後者的說法才是正確的。若在不告知對方的情況下給予腎上腺素，當他們開始感到腎上腺素所激發的生理反應（但又被蒙在鼓裡），科學家預期他們會用情緒來解釋這種反應。研究員認為他們可以利用注射腎上腺素後的反應，影響受試者對於情緒的詮釋。事實證明他們想的的確沒錯。跟搞怪的人在同間房間裡的受試者覺得心情愉悅，而且也有開心的行為表現（有些人甚至會一起摺飛機、射紙飛機）。跟暴躁的人關在同間房間的受試者也會跟著生氣。

此實驗結果顯示，我們感受情緒的方式與我們想的完全相反。究竟是心理感受先、還是生理反應先，此雞生蛋、蛋生雞的問題在此得到了解答：結果證明生理反應（腸胃的感受）先出現，接著我們才會加上心理情緒的標籤（開心或生氣）。我們以自己身體對周遭的反應為基礎，進而詮釋心理感受。但是大多人都不認為情緒是這樣運作，反而會認為情緒的心理層面才是最重要的。如果心理是跟著生理走，那這對心理學來說又有何意義呢？這對戀愛又有何意義？為了找出答案，我們要前往加拿大的一座國家公園。

戀愛與懼高症

加拿大的卡碧蘭諾峽谷（Capilano Canyon）是一座壁面陡峭的溪谷，一百三十七公尺寬、七十公尺深，卡碧蘭諾河流過其中。十九世紀末，有些工程師在峽谷兩邊拉起了鋼索，架起一座只可供單人通過的狹窄小橋。這座橋可說是相當可怕的一座吊橋，看起來相當脆弱，還很容易左右傾斜搖晃，再加上驚人的高度和長度，不免讓人心驚膽顫。橋上的扶手高度低，讓人更容易覺得可能會摔下橋面，而且下面還有淺淺的溪水和大石頭在等著。這座橋相當嚇人，甚至還因此成為溫哥華最熱門的觀光景點之一。因此，此地點相當適合兩位加拿大心理學家進行一項精彩的研究〔請參閱 Dutton 與 Aron 〕。

研究員設計了一個情境，請一位漂亮的女性學生在對面搭訕走過橋的男性。她表示自己是心理學學生，正在進行一項觀光景點的計劃，並請他們填問卷。受試者完成問卷繳回後，女學生主動表示有時間的話願意進一步詳細解釋研究內容。她撕下紙張的一小角，寫下她的名字和電話號碼，並請受試者之後打給她。比較組的實驗則在一座堅固的木橋上進行，橋上的扶手高，橋底距離底下的小溪僅三公尺。所以，漂亮的女學生事後究竟接到了幾通電話呢？

在走過驚悚吊橋的男性之中，有一半的人都打給了女學生。但是，比較組當中只有百分之十二的男性事後打了電話給女學生。這在學術研究界算是相當大的差異，但此結果究竟要如何解釋？此研究所設計的情境類似先前偷偷注射腎上腺素的實驗，但在此受試者接受的是因為懼高所產生的「自然」腎上腺素。另外，此實驗探討的情緒以戀愛與吸引力為主，而非像腎上腺素研究一樣，以快樂或生氣等情緒為主。不過，除此之外這兩個實驗相當相似。先前的實驗當中，被注射腎上腺素的受試者誤將腎上腺素所引起的生理反應誤認為喜悅或憤怒等自然情緒，此研究的男性受試者則是將過橋後受驚的生理反應誤認為戀愛的自然感受。

但是，如果這些感受跟過橋比較相關，反而不是在反映內心深處的化學反應，那戀愛這東西又是怎麼一回事？此實驗當中出現了明顯的吸引徵兆，但是這只是因為那些男性錯誤詮釋了自己的情緒反應。這些實驗受試者將恐懼誤認為戀愛的感覺，以科學的方式解釋了戀愛只是一種幻覺。不僅如此，幻覺讓我們誤認戀愛的方式還不只這一種而已。

平均法則——長相平庸更吸引人？

一個人的臉為何會有魅力？這個老問題一向被認為太過主觀，因此不值得科學界深入探討，但近來事態卻有了不同發展。價值數百萬英鎊的美容與整型手術產業蓬勃發展，代表社會上有許多人願意追求生理魅力。一些近期研究指出，吸引力可能不如你所想、與獨一無二的特徵相關，而且事實甚至還可能完全相反。

雖然不同凡響的面貌沒有影響超模卡拉・迪樂芬妮（Cara Delevingne）的職業生涯，不過許多研究探討了一般人偏好的面貌，都得到同樣的結果：最受歡迎的臉其實是最平均的臉。學者將許多人的臉輸入電腦裡頭，將所有面貌的臉部特徵平均，產生出單一一張合成人工面貌照片。這些最平均的臉都在不同的偏好測試中，獲評為最有魅力（請參閱 Peskin & Newell）。除此之外，合成面貌所採樣的臉數越多，合成面貌獲得的魅力評分就會越高。如果下次你要稱讚一位單身男性／女性多有魅力，最老實的說法就是稱讚他們的長相很「普通」。當然後續發展可能不會太順利，在這種情形下「誠實」可不是最好的辦法！

除了平均這回事之外，還有另一個重要因素會影響面貌的吸引力。這個因素不是對稱性、青春、皮膚透澈度或平滑度，而是更加平庸的東西，靈魂伴侶、致命吸引力這些浪漫想法還會因此粉碎。都柏林三一學院的心理學家（請參閱 Peskin & Newell）進行了一項很簡單的研究。他們請男女受試者看一系列的微笑女性的面貌，每看完一張就請他們評比魅力高低。受試者看到的有些臉只會出現一次、有些則是出現高達六次。實驗進行到最後，重複出現的臉得到了較高的魅力分數，原因無他，只是因為不斷重複出現。你以為太過熟悉會產生反感嗎？事實並非如此，甚至還完全相反。

因為熟悉而產生正面印象的傾向，心理學家稱為「單純曝光效應」（mere exposure effect），而且這種效應不只會發生在面貌上。實驗證明，如果曾經接觸過，那麼照片、聲音、形狀、姓名、甚至是胡謅的字詞都會在受試者心中有較正面的印象。雪菲爾哈倫大學的心理學家進行過一項相當精采的研究，證明了連每年一度的神聖賽事歐洲歌唱大賽（Eurovision Song Contest）都會出現這種效應〔請參閱 Verrier〕。

欲參賽的國家越來越多，歐洲歌唱大賽每年也越來越受歡迎。賽事規模的擴大讓籌辦單位在二〇〇四年設置了一座特別的準決賽舞台，只邀請某些新參賽國家上台表演接受評分。其他老手國家可以跳過準決賽，直接進入決賽。這代表二〇〇四年之後，評審已經熟悉了歐洲歌唱大賽總決賽的部分參賽國家，因為他們曾經在準決賽表演過，其他參賽國家則沒有表演。除此之外，分析最後一輪的評審程序過後發現，參加過準決賽的國家分數較高，沒露過臉的國家則分數較低，原因只是因為評審比較熟悉。

所以，這就是戀愛的另一個壞處，你愛上的人跟你所想的不同，可能不一定是你的超級靈魂伴侶、或擁有驚為天人的外貌。他／她之所以會對你有吸引力，可能是單純因為你們常常見面而已！這是因為，人類一般會偏好熟悉的人事物。一九八〇年代想像力樂團（Imagination）在他們的英國暢銷單曲《僅為幻覺》（Just an Illusion）當中唱道：「讓情緒帶著你走／空氣中是否真瀰漫著魔法？」絕對不是什麼魔法！科學告訴我們，讓人墜入愛河的吸引力其實只是因為熟悉而生，所以只有笨蛋會談戀愛。

但是，既然戀愛的基礎這麼脆弱，為什麼我們又會這麼重視戀愛這回事呢？因為戀愛的概念太過虛擬，讓我們全都落入了陷阱。如果我們靜下來想想看戀愛究竟是什麼，似乎很難說出個所以然。愛情的確跟情緒有緊密關連，這點絕對沒錯。如果你的愛情生活一切順遂，就會感覺到喜悅、情感和期待等情緒。但是我們得先說清楚，許多其他的經驗也可以讓我們有相同感受。同理可證，當愛情生活急轉直下，我們會感受到憤怒、厭惡和哀傷等負面情緒，這些情緒同樣也會在戀愛以外的情境下出現。這裡又產生了一個問題：如果戀愛不是一種獨特的情緒，那究竟是什麼東西？

戀愛是個強力藥物

如果能發現戀愛究竟會激發大腦哪個部位，那麼就能讓科學界更進一步理解戀愛這回事。科學界對於不同大腦結構的功能已經有所瞭解，所以這種方法能夠回答一些戀愛相關的基本問題：戀愛究竟是算不算一種情緒？還是僅為一些基礎情緒的集合？這研究方法也可以驗證羅西音樂樂團（Roxy Music）一九七五年熱門單曲《愛情是種藥》（Love is the drug）當中的假設：戀愛真的像藥一樣，會讓人上癮嗎？

石溪紐約州立大學的心理學家調查了戀愛中的大腦﹝請參閱 Aron et al ﹞。研究員碰到的第一個問題，就是究竟該去何處尋找熱戀中的情侶，讓整個研究值得進行。雖然東岸美國人是出了名的冷淡，但是紐約市人口密集，不乏有熱戀中、正在穩定交往的志願受試者回應報紙上的廣告。這些受試者需接受功能性磁振造影（fMRI）大腦掃描（第一章當中介紹過這種掃描）。

每位受試者帶了兩張照片到研究中心，一張是他們的愛人，另一張是跟他們愛人同年齡同性別的朋友。觀看兩張不同照片的大腦活動差異，便可用來判斷熱戀會活化的大腦部位，並將之與友誼相比。

討論相當有意思的結果之前，我要些幫各位簡介大腦當中的部分結構，以及各個結構的功能。首先必須區別皮質（cortext）與皮質下（subcortical）區域。皮質是大腦外層表面的皺摺區域，演化的順序較為近期，與解題等智能活動相關。另一方面，皮質下區域位於大腦深處，感受到喜悅或悲傷等原始情緒時會活化。一般認為皮質下區域的演化較為古早，比皮質早上許多。我們可以說，皮質下中心的舊大腦與情緒相關，皮質的新大腦則與智能活動相關。

紐約的研究發現，熱戀中的受試者看到愛人的照片時，舊大腦與新大腦區結構都會活化。碰上已經經營好一段時間的關係時，新大腦結構比較可能活化。新大腦當中活化的部位是額葉與顳葉，而這些大腦活動最可能反映正在進行的智能程序，例如回憶、熟悉與專注等等。要認得你的愛人，這些程序絕對不可少，不然連人都認不得的話戀愛就不可能談成了。活化的舊大腦結構為皮質下的獎賞區域，如尾葉（caudate）與中腦腹面（ventral midbrain）的多巴胺細胞。科學家已發現，接收到一般人認為愉悅的刺激時，這些獎賞路徑會活化，例如性愛（如第一章中討論）與藥物（如第二章中討論），以及吃巧克力或收到現金。

回到情為何物這個問題，這些結果讓人大開眼界。會受到戀愛活化的是回應各種愉悦活動的獎賞路徑，而非大腦當中專門的「戀愛」中心。戀愛不像是單一的情緒，說是有目的的情緒狀態反而比較準確。這是什麼意思？首先，這樣看愛情，浪漫程度便會大減。在跟愛人調情時，說他們能激發你「有目的性的情緒狀態」八成沒什麼好下場。但是這也代表戀愛不是終點，反而比較像個指示，讓人有特定舉止行為，幾乎一定會導向繁殖與物種求生。意思是，戀愛沒那麼心靈高尚，反而比我們想的都還庸俗，真是世紀大謊言！

戀愛與巧克力、金錢和古柯鹼都會活化相同的獎賞路徑，讓科學界有了基礎，能證明「戀愛是個強力藥物」的詩意想法。布萊恩．費里（Bryan Ferry）與羅西音樂說的沒錯，戀愛還真的跟毒品有許多共通點。這麼看來，我稍早所說的戀愛與香菸比喻似乎沒那麼像天方夜譚了。但是，戀愛類似毒品的想法卻衍生出了更多的問題。藥物以其不請自來又可能傷身的副作用聞名。我們知道酒精會讓你宿醉（請見第二章），大麻會讓你嘴巴饞，部分處方藥物會讓你想睡覺。那類似藥物、我們稱為戀愛的小東西，有沒有什麼討人厭的副作用呢？

柏拉圖說那是「嚴重的精神病」

一說到戀愛，你的腦袋裡會出現什麼畫面？很可能會是兩個人雙手緊握、深情對望、滿足微笑的畫面吧。我們腦袋裡頭的戀愛大多都是最理想的狀態，大多科學實驗也都是採取這種戀愛進行研究。像我先前提到在紐約進行的研究，受試者需看著愛人的照片同時接受大腦掃描，而且研究員會特別要求受試者回想與愛人開心共處的回憶片刻。舉例來說，有位受試者表示自己想到她與愛人半夜三點漫步去7－11便利商店的浪漫回憶。雖然這畫面不太傳統，但還是不難看出當中浪漫何在。

雖然如此，戀愛並非只有開心而已。大多人回想起青少年時期的初戀，都會想到陷入愛河的甜蜜感，但同時也有不安全感、緊張感、不確定感和醋勁大發的經驗。此情形與我先前的論點不謀而合，分析流行歌歌詞後可發現，戀愛的苦多於樂。曾經有學者試圖測量戀愛所帶來的負面以及正面情緒。

德黑蘭醫學大學的研究員找來了幾名志願受試的學生，研究進行方式相當簡單，就是單純詢問他們感情生活相關的問題（請參閱 Bajoghli）。研究員首先詢問學生是否有愛戀的對象。若有，則繼續詢問他們想到該名對象的頻率、這些想法讓人分心的程度、以及他們是否能夠抵抗想起該名對象的衝動。同時，研究員使用精神病學家診斷用的問卷，判斷受試者的憂鬱與焦慮程度。有趣的是，陷入愛河越深的受試者，憂鬱與焦慮的程度也越高。這結果究竟算不算出乎意料呢？

應該不算吧。每個人都經歷過相思病，而且此症狀在古老的年代就已經為人所知，哲學家柏拉圖稱之為「嚴重的精神病」，蘇格拉底則直接稱之為「瘋癲」。聽過研究受試者描述自己陷入愛河的經驗過後，德黑蘭的研究員下了個非常有道理的結論：談戀愛不只要面對我們自己的艱困情緒，連另一個對象情緒也會影響我們。雖然不言而喻，但這點在戀愛相關的研究中相當重要：通常我們愛戀的對象都是不太熟識的人。要展開新的關係，就必須在熱情、刺激、承諾、醋意、風險、自白與不確定性之間找到最適當的平衡。伴侶之間還必須要有共同的生活目標，對於性、金錢、同儕、家庭和宗教等的態度也得相同。過程非常複雜又艱辛，也難怪展開新的戀情會帶來相當大的精神壓力。

當然了，德黑蘭大學的此一研究只是調查，因此只能算是相關研究。我在第二章當中提過，「相關」代表的是發現兩者會同時出現，此處即為戀愛與憂鬱情形，但是這並不代表兩者之間有因果關係。戀愛可能會造成憂鬱，憂鬱也可能導致戀愛，也可能有第三個變數引起兩者發生。不過，就算正視了這件事，此研究仍然讓我們看到了戀愛的陰暗面，並且指出戀愛可能對精神健康無益。下一小節當中我們將會繼續看到，戀愛說不定還會對你的身體健康會產生壞處。

搞外遇會導致嚴重健康問題？

談戀愛本身就有許多複雜的問題，還會帶來些麻煩的後果。舉例來說，辦公室戀情就是其中一種。科學家研究了辦公室戀情，並且將其定義為：「同個組織的兩名員工彼此有性吸引力的愛慕關係」。英國約七成的員工曾經談過辦公室戀情，五分之一的人口則是在職場上遇到長期伴侶，解釋了為何四分之一的辦公室情侶最後會踏入婚姻。但是，各位請注意了，辦公室戀情也是有所缺陷的，格拉斯哥大學一間商業學院的回顧報告當中寫的一清二楚〔請參閱Wilson〕。此篇報告指出，辦公室戀情很可能導致你丟掉工作，數年前美國總統比爾．柯林頓（Bill Clinton）就落得了此下場。已婚的總統與實習生莫妮卡．陸文斯基（Monica Lewinsky）發生你情我願的性關係，最後導致柯林頓總統遭到彈劾。

科學文獻當中也曾經列出數個辦公室戀情的缺陷。其中一個問題就是辦公室戀情會造成午餐時間太長、錯過會議、遲到或早歸，導致生產力降低。在員工的團體之間，還可能因為偏心、利益衝突、偏頗或錯誤決策導致不合。不過，為了平衡觀點，我得補充說明這些負面效果並不會在所有辦公室戀情上都出現，甚至還有些研究指出有員工會為了辦公室戀情而提昇工作生產力。同樣地，也有些例子指出，兩位受歡迎人物的辦公室戀情能夠增加工作場合的士氣和幹勁。

婚外情最常對捲入其中的人產生最嚴重的負面後果。佛羅倫斯大學的衛生研究員從男性衛生診所取得了一千名以上病人的訪問紀錄。除了有關抽煙、飲酒和疾病史的一般問題之外，醫生還問了跟感情生活有關的私人問題。如果你的醫生問你「每個月你會嘗試做愛幾次？」、「與以前相比，你的伴侶是否越來越性趣缺缺？」、「你是否會與伴侶以外的人發生性關係？」，那你會作何感想？結果這些診所的病人似乎不那麼在意。接受訪問的人當中約百分之八承認目前有婚外情。這些男性通常年紀較大，不過大多人對於婚外情的刻板印象多為年長男性與年輕女性，此結果倒也不讓人意外（如柯林頓與萊文斯基）（請參閱 Fisher et al）。

現在你應該開始質疑年長男性是否適合跟年輕女性在一起了吧。義大利研究指出，有外遇的男性發生心臟病或其他嚴重心臟意外的風險，是一般男性的兩倍。他們解釋，這是因為碰上新的伴侶時會有「額外充沛的活力」。這跟醫學研究界對於性交猝死（sudden coital death）的觀察不謀而合，性交猝死即為性交當下倒下死亡的狀況。雖然此情形不常見，但大多發生在受害者家外、婚外情性交的當下。這下我們知道搞外遇不只會帶來心理壓力，還可能讓血管爆裂、產生致命後果。

但是，外遇帶來的健康風險不只在生理層面，千萬別低估了心理會造成的巨大影響。稍早提過，義大利的男性被問到長期伴侶近期是否較無性趣。依據此問題可將受試者分成兩群：伴侶較無性趣、伴侶性趣維持不變。這兩群受試者心臟病發的風險有很大的不同。若男性有外遇、長期伴侶又性趣降低，心臟病發的風險並不會增加。心臟病發的機率會增加的反而是有外遇、伴侶的性趣又維持不變的男性。欺騙性慾不減、又認真經營關係的伴侶，似乎會帶來偌大的罪惡感。眾所皆知，心理負擔會導致心血管問題，例如壓力持續不減會增加心臟病發的機率。此調查發現，瞞著愛侶搞外遇的男性，會增加自己的罪惡感，進而導致嚴重的健康問題。

所以，避免婚外情可以讓你不被炒魷魚，如果你是有愛侶的熟年已婚男性，此決定甚至還可能救你一命。避免新戀愛有其好處，這點絕對毋庸置疑。那長期伴侶關係呢？你可能會以為長期伴侶關係之間的愛情能夠帶來正面影響，但這說法也並非絕對正確。

長期的戀愛關係對男性有害？

目前我們的討論都集中在新戀情剛開始的階段，但是長期關係呢？這種戀愛會帶來益處嗎？結婚時，情侶會發誓生老病死永不分離。婚姻延續得越長，老年時身體健康衰退，更是檢視此結婚誓言的時機。不管你怎麼想，戀愛還是可能在長期穩定的關係中開花結果，雖然最後很可能轉變為溫情愛（compassionate love），以友誼般的愛情關係持續分享價值觀、延續長期承諾。有趣的是，穩定關係中的溫情愛可能會帶來一些有害的副作用，但是受影響的卻只有男性。

阿拉巴馬奧本大學的研究員找來六十歲以上的已婚夫妻，請他們完成「溫情愛任務」。兩人必須各「分享一次配偶把你放在第一順位的經驗」。研究員請他們描述發生時間、配偶採取的行動、他們的感受、以及他們是否坦承告訴配偶自己的感受。有些情侶回答不出來，只說得出：「我不知道怎麼回答這個問題」；這個例子代表溫情愛較低。另一方面，有個男性回答：「她放棄了自己的生活，跟著我調職搬家。我相當感動，也很感激她」。此例代表溫情愛較高（請參閱 Rauer ）。

奇怪的是，老年夫婦關係當中的溫情愛產生的效應完全是單向的。妻子對丈夫表現溫情愛的話，妻子的健康會較佳，但丈夫的健康較差。不過，相反的情形反而並不成立：丈夫對妻子表現溫情愛的話，並不會影響到雙方的健康。這情形該如何解釋？

此效應可能因我們文化當中的性別角色而生，尤其是老年社群的性別角色。通常來說，社會都會預期女性成年時擅長照顧他人，養小孩的階段最能達到此角色的滿足感。在中老年階段，對丈夫表示溫情愛的妻子便能從此行為當中獲得益處，因為此行為似乎能增加女性自身被需要、有價值的感覺，進而改善健康。

另一方面，男性所接受的溫情愛可能會提醒他們自己健康衰退，甚至還會表示婚姻進入了丈夫需妻子照顧的新階段。此情形可能會讓丈夫越來越擔心自己變妻子的負擔，並且打擊丈夫的自信心。因此，男性才會排斥妻子如此照顧，同時也可以解釋男性對妻子表現溫情愛為何不會受益，因為他們並不是在實現自己的性別角色，因此不會產生任何效應。傳統性別角色也可以解釋，為何妻子接受丈夫照顧時，不會同樣有脆弱、受威脅的感覺。傳統女性角色就是要受到強勢男性的愛護。女性接受男性的溫情愛，會感受到有人照顧的感覺，而非不安全感。

如果長期的戀愛關係對男性有害，那麼，此章當中提到科學實驗所發現的戀愛缺陷又多了一項。我提到了戀愛是一種假的情緒，可能因為「經常看到」這種庸俗的理由就產生，還可能造成嚴重傷害、甚至讓人喪命。但是，如果不談戀愛有益處，那麼我想提出個實際的問題：我們能否有意識地控制戀愛，避免自己陷入愛河呢？

避免墜入愛河的訣竅

我稍早提到，曾經有科學家分析各種不同人類社會的書寫作品，並發現大多數的文化都有提到愛情。的確，本章當中所提到的許多研究報告開端都歌頌了戀愛的偉大跨文化力量，當中包括：「談戀愛是全人類都會有的行為」；「人類所知最偉大、最使人興奮的狀態就是戀愛」；以及「強烈的愛戀是一種跨文化的現象」。如果戀愛是跨越文化藩籬的現象，那麼非常可能代表戀愛無法使用意識控制（如果可以使用意識控制，那麼世上肯定有些人或有些社會會選擇不戀愛）。很不幸地，關於「究竟能否控制戀愛，進而避免陷入愛河」這個問題，科學家最多也只能回答到這個地步。我找不到有任何科學研究文獻以更直接的方式回答此問題。

先把科學擺一旁，我們來看看大家對於戀愛的瞭解吧，我上了 Google 首頁鍵入「能否控制戀愛」進行搜尋。一段 TED 的對話影片標題為「你能否控制自己愛上誰？」，有位參與人士回答：「在第一眼的吸引力之後……你當然可以控制自己愛上誰」；另一位則回答：「我不會一頭栽進戀愛裡，我會控制自己」。此段討論與會人士達到了共識：「第一眼的戀愛衝動無法受到控制，不過我們有能力決定是否要延續這些感覺，以達到長期目標。」令人吃驚的是，在 www.wiki.how 的網站上，可以找到許多避開戀愛的實用訣竅。這些訣竅包括：投入新嗜好讓自己分心、避免跟他人調情、遠離自己有興趣的人。從這些少數的樣本當中可看出，民間知識跟科學界似乎有同樣的結論：戀愛無法控制，我們只能盡量避免陷入愛河。

但是，如果我們不能避免陷入愛河，那麼我這章當中不斷建議大家最好避免談戀愛根本是在浪費唇舌吧？總而言之，談戀愛是人類生活很重要的一部分，雖然有其缺點，但怎麼會有人不想談戀愛呢？你不可能過著毫無風險的生活，面對風險、應對風險的片刻才會讓你的生命有趣又值得。說到此處，我得承認到目前為止我只呈現了單一面向的看法。其實科學界發現了戀愛也有許多好處，為了公平起見，我應該也介紹介紹。

戀愛和吃甜食都會活化「那裡」嗎？

若戀愛是個跨越文化的人類特徵，那麼肯定對人類有益，有數項研究便找到了支持此說法的證據。戀愛的一向好處就是能使人活力充沛。西安大略大學心理學家（請參閱 Stanton et al ）證明了此項道理，正在談戀愛的受試者想到愛人時，血糖指數會高於想起與普通朋友進行喜好活動時。高血糖指數能讓受試者感覺活力充沛，同時也符合他們開心的心情。

我們繼續看看愛人血流的研究吧，研究顯示戀愛時血流裡的神經生長因子（nerve growth factor, NGF）也會增加。此物質是一種神經滋養素（neurotrophins），這種分子可以在發育期間使神經元（大腦細胞）成長，形成縝密的連結網絡，此外還能幫助我們應付焦慮與其他情緒。此結果是義大利帕維亞大學的研究員所發現的。他們找來了「愛到無可救藥」的受試者，交往期間少於六個月。比起穩定交往兩年半以上的受試者、或是單身受試者，熱戀時期血液中的神經生長因子指數較高（見 Emanuele et al ）。

戀情長短竟然會造成此般差異，證明了只有剛開始戀愛時神經生長因子會增加。這個效應相當強烈，熱戀越濃烈，神經生長因子的指數就越高。不過，受試者繼續交往一年，並重新接受測試後，不僅發現他們熱戀的程度下降了，神經生長因子指數也跟著減少。現在的神經生長因子指數與當初測試的單身男女相同。看來神經生長因子指數只會在熱戀期增加，以提供心理助益，幫忙處理展開新社交羈絆的壓力。

另外，戀愛還能活化大腦的獎賞迴路，帶來另一個好處。看來戀愛真的能讓全世界更甜美。你可能聽過「戀愛的感覺很甜」（暗示戀愛嚐起來是甜味的）、「酸葡萄」（暗示嫉妒）以及「氣到全身發燙」（暗示憤怒有溫度）等譬喻。國立新加坡大學的研究員想探討這些譬喻究竟是否是從生活經驗當中而生。他們進行了一項實驗，調查戀愛感能否讓人對甜味更敏銳（請參閱 Chan et al.）。

他們請受試者寫下體會戀愛感的一次經驗，同時請另一批受試者描述新加坡的地標（如壯觀的華聯銀行大廈），以作為比較組。描述戀愛感的受試者將酸甜糖果、一塊苦味的明治森永巧克力、甚至是白開水都評為甜味。受試者似乎將戀愛與甜味連結在一塊兒，因為戀愛和吃甜食都可以活化腦中的獎賞迴路（即為我稍早提到的迴路系統）。

最重要的研究結果或許為，戀愛一開始的階段可以對長期關係有正面影響（與稍早提到溫情愛的問題相比）。蘇黎世大學醫院的一名精神病學家調查了超過六百人，發現跟摯愛結婚的人會感到較高的滿足感，否則不然（請參閱 Willi）。除此之外，如果曾深愛過伴侶，則會讓長期關係有更高的滿足感，沒愛過伴侶則不然。驚人的是，一見鍾情也可以提供相同的滿足感，一般的戀愛感則需要兩個月以上的時間培養。所以，雖然戀愛有其缺陷，但是「愛到無可救藥」的戀情卻會替長期關係建立良好的基礎。

愛神為什麼要拆散我們？

本章當中所提到的科學研究結果，可能都會讓你認為最好別談戀愛。首先，戀愛很容易讓人誤認（容易與恐懼混淆）；第二，面貌的吸引力會產生愛戀的感覺，但是卻很容易被平均值或熟悉程度所影響。我提過，戀愛比較像一種指示，而非一種獨特的情緒，而且戀愛與毒品的相似處可能比你想的還多。因此，戀愛可能會對你的心智健康造成負面影響，除此之外還可能會害你致死。

雖然缺點看似不少，我也得承認戀愛亦有其正面好處。老實說，我內心其實是個浪漫份子，要我不談戀愛我寧願不要活了。但是這並不代表我不正常，畢竟我們看到的證據相當確鑿：戀愛跨越一切文化藩籬。戀愛是人類的一部分，有意識地刻意避免戀愛才是瘋狂之舉。當然，戀愛一定會帶來許多難以承受的負面情緒，例如渴望、心痛和嫉妒。任何事物都一樣，經歷過低點才能享受高點的愉悅。

泰瑞莎修女（Mother Teresa）對於戀愛的基礎重要性有個獨特觀點，她說：「比起麵包，這世界上更多人渴望戀愛與他人的欣賞。」所以，有戀愛的機會就好好把握吧，即使有時會讓你跌跌撞撞。我們很清楚戀愛會使人心痛，所以流行樂才會因此而發明呀。

延伸閱讀

Anon, 'How to Avoid Falling in Love'. Retrieved 4 February 2015 from: www.wikihow.com/Avoid-Falling-in-Love

Aron, A., Fisher, H., Mashek, D. J., Strong, G., Li, H. & Brown, L.L. (2005), 'Reward, Motivation, and Emotion Systems Associated With Early-Stage Intense Romantic Love', Journal of Neurophysiology,Vol. 94 Issue 1 pp 327–37

Bajoghli, H., Keshavarzi, Z., Mohammadi, M.-R., Schmidt, N. B., Norton, P. J., Holsboer-Trachsler, E. & Brand, S. (2014), 'I love you more than I can stand! – Romantic love, symptoms of depression and anxiety, and sleep complaints are related among young adults', International Journal of Psychiatry In Clinical Practice,Vol. 18 No. 3 pp 169–74

chan, K. Q.,Tong, E. M.,Tan, D. H. & Koh,A. H. Q. (2013), 'What do love and jealousy taste like?', Emotion,Vol. 13 Issue 6 pp 1142-9

Dutton, D. G. & Aron, A. P. (1974), 'Some evidence for heightened sexual attraction under conditions of high anxiety', Journal of Personality and Social Psychology,Vol. 30 No. 4 pp 510–17

Emanuele, E., Politi, P., Bianchi, M., Minoretti, P., Bertona, M. & Geroldi, D. (2006), 'Raised plasma nerve growth factor levels associated with early-stage romantic love', Psychoneuroendocrinology,Vol. 31 Issue 3 pp 288–94

Fisher, A. D., Bandini, E., corona, G., Monami, M., Cameron Smith, M., Melani, C., Balzi, D., Forti, G., Mannucci, E. & Maggi, M. (2012), 'Stable extramarital affairs are breaking the heart', International Journal of Andrology,Vol. 35 Issue 1 pp 11–17

Hatfield, E. & Sprecher, S. (1986), 'Measuring passionate love in intimate relationships', Journal of Adolescence,Vol. 9 pp 383–410

Henard, D. H. & Rossetti, c. L. (2014),'All you need is love? Communication insights from pop music's number-one hits,' Journal of Advertising Research,Vol. 54 No. 2 pp 178–91

Jankowiak, W. R. & Fischer, E. F. (1992), 'A cross-cultural Perspective on Romantic Love,' Ethnology, Vol. 31 No. 2 pp 149–55

Peskin, M. & Newell, F. N. (2004),'Familiarity breeds attraction: Effects of exposure on the attractiveness of typical and distinctive faces,' Perception,Vol. 33 Issue 2 pp 147–57

Rauer, A. J., Sabey, A. & Jensen, J. F. (2014), 'Growing old together: Compassionate love and health in older adulthood,' Journal of Social and Personal Relationships,Vol. 31 No. 5 pp 677–96

Schachter, S. & Singer, J. E. (1962), 'Cognitive, social, and physiological determinants of emotional state,' Psychological Review,Vol. 69 Issue 5 pp 379–99

Stanton, S. E., Campbell, L. & Loving, T. J. (2014), 'Energized by love:Thinking about romantic relationships increases positive affect and blood glucose levels,' Psychophysiology,Vol. 51 Issue 10 pp 990-5

Verrier, D. B. (2012), 'Evidence for the influence of the mere-exposure effect on voting in the Eurovision Song Contest,' Judgment and Decision Making,Vol. 7 No. 5 pp 639–43

Wang, A. Y. & Nguyen, H. T. (1995), 'Passionate love and anxiety: A cross-generational study,' Journal of Social Psychology, Vol. 135 Issue 4 pp 459–70

Willi, J. (1997), 'The significance of romantic love for marriage,' Family Process,Vol. 36 Issue 2 pp 171–82

Wilson, F. (2014),'Romantic relationships at work:Why love can hurt,' International Journal of Management Reviews, Vol. 17 Issue 1 pp 1–19

Case6
Stress more

我就是愛高壓冒險啊！

「我突然覺得一陣暈眩，緊張的情緒湧了上來。我的胃不斷翻騰，我知道下一個就是我。飛機急轉彎時，我連看出窗戶都辦不到。我覺得我快暈了，我看出飛機窗戶，思考是否要用爬的爬到飛機邊緣。這個想法卻只讓症狀更加嚴重而已。我感到自己的臉色刷白，跟屍體沒兩樣。教練看著我，嚴肅地問我有沒有事。我告訴他我沒事，但我很清楚自己的答案一點都沒說服力。我只能看著地平線的另一端，盡量不要往下看。我全神貫注、控制呼吸，吸氣——吐氣——。我感覺到教練在檢查我的降落傘，把我前推後拉。接著教練在我耳邊大叫：『為了英國，跳出去之後拱起你的背，懂嗎？』我點了點頭。接著我聽到教練喊出了那幾個可怕的字：『就定位！』」〔請參閱 Hardie-Bick〕

數年前，我坐在基爾大學的辦公室裡頭，發現我收到了一封午餐座談會的宣傳郵件。講座主題是社會學，不是我的專長領域，但是標題「高空跳傘與抽象邊緣」聽起來相當有趣，所以我還是去參加了。講者是詹姆士·哈迪比克（James Hardie-Bick），他介紹了在英國跳傘中心進行的民族誌學研究（民族誌學是研究人與文化的系統研究，研究員以研究目標的觀點來觀察社會，以探索文化現象）。此研究使用了一種很有趣的研究技巧，稱為「參與觀察法」（participant observation）。進行研究計劃的科學家刻意親近研究對象的團體，甚至親近到成為團體的一部分，參與他們的活動。為了進行此研究，研究員報名了降落傘課程、嘗試跳傘數次。本章上方的開頭段落出自此為社會學講者的經驗，他講述了自己刺激又可怕的首次定點跳傘經驗。很明顯此經驗勾出了他心中最純粹的恐懼感，這讓我不禁思考，他為何會願意為了研究逼自己做出這種事（請參閱Hardie-Bick）。

所以，一名社會科學家究竟為何會想跳傘呢？現今幾乎人人都認為冒險只會帶來負面後果，這代表有些日常活動，例如喝酒（見第二章）或讓小孩自己走去學校上學，都會被視為高風險、甚至是危險的行為。這種無所不包的安全文化還有兩個荒謬又過頭的例子，就是校園裡竟然禁止學童玩敲果實和打雪仗。不過，在社會上卻可看到一個自相矛盾的有趣現象：大家都認為人類很脆弱，所以開始擔心先前不存在的危險，但為什麼跳傘、高空彈跳、雲霄飛車這些高風險活動越來越受歡迎呢？

答案是，這些有致命風險的消遣活動其實有許多意想不到的好處。其實這點不言而喻，畢竟若好處不比危險多的話，就不會有人想從事這些活動了。科學界（包括嘗試跳傘的社會學家）已經開始探索這些意料外的好處，瞭解為何會有人要將自己置身於高壓情況下被嚇個半死，甚至要冒著死亡的風險。本章要探討的就是這些風險，首先我們要來説個看似自相矛盾的原因，瞭解為何有人會想跳出飛機。

跳傘是人類的情緒調節運動

情緒自我調節（emotional self-regulation）的意思是指，不受到情緒控制，反而在情緒湧出或生成前採用各種策略控制情緒反應。據説能夠設法自我調節情緒的人，情緒智力（emotional intelligence）程度較高。換句話説，無法自我調節情緒便可能有憂鬱症或其他心智健康問題。一組法籍心理學家為主的團隊調查了女性跳傘客，欲探討利用跳傘的壓力來自我調節情緒的可能性〔請參閱 Woodman et al〕。

這個想法是從何而來的呢？一切要從先前的一項研究説起，此研究結果證明了服用非法藥物（這在大多人眼裡都是高風險活動）的女性比男性更可能有情緒表達障礙（alexithymia）的心理狀況。有此狀況的人較無法使用言語描述自己的感受。

我們來快速調查一下你是否有情緒表達障礙的傾向吧。你同意或不同意以下的說法？

- 我經常不清楚自己感到的情緒為何
- 我很難描述我對其他人的感覺
- 事情發生就發生了，我不喜歡探究背後的原因

有情緒表達障礙的人會同意上方全部的三個說法。有情緒表達障礙的人描述發生在自己身上的事實，會以相當平淡單調的方式來訴說，完全不帶任何情緒；你沒辦法判別他們所說的事件讓他們有何感受。此狀況部分是因為無法辨識、感受到自身的情緒與感覺，而且也無法表達讓他人瞭解。

此研究分別以有無情緒障礙的女性跳傘客為研究對象，看看她們跳傘前、

跳傘結束當下（落地十分鐘內）與一小時後的焦慮感變化。此研究其實沒什麼特別講究的地方，研究員只需要去飛行場請女性跳傘客填問卷就行了。

首先，第一項有趣的發現，就是從事跳傘的情緒表達障礙女性人數。研究員預估大約百分之三十三的女性跳傘客有情緒表達障礙，與一般女性人口有此狀況的百分之八至二十五比例相比，算相當高。較多情緒表達障礙的女性參與跳傘，證明了有此狀況的女性比一般女性更容易受到極限運動所吸引。不過，研究員檢視了焦慮感之後，才真正看清跳傘與情緒調節之間的明確關聯。

調查發現，沒有情緒表達障礙的女性跳傘客跳傘前後的焦慮程度皆一致。有情緒表達障礙的女性整體焦慮感程度較高，但是跳傘結束當下，她們回報的焦慮感有所減少。這些女性難以感受、表達自己的情緒，對她們來說，跳傘是個體驗強烈情緒的好機會，還能感受到情緒慢慢褪去。

跳傘這種危險運動的一項意外好處，便是提供了安全又有計劃的冒險機會。對無法察覺、表達情緒的人來說，跳傘這類的高風險活動能讓他們感受壓力以及紓壓的過程。跳傘此危險活動對他們來說，是種自我調節情緒的機會。

這道理說得通，但是畢竟從事跳傘活動的人當中，僅有一小部分可能有情緒表達障礙、欲以跳傘作為情緒出口。那其他人為何會想從事極限運動呢？其實，研究員找到了另一個更顯著的特色，讓人想參與這種壓力極大又危險的活動。給你一個提示：沃爾特・雷利爵士（Sir Walter Raleigh）、羅伯特・史考特（Robert Falcon Scott）與巴茲・艾德林（Edwin Eugene Aldrin）三人除了身為著名探險家之外，還有什麼共通點呢？

長子比較不敢冒險嗎？

沃爾特・雷利爵士、羅伯特・史考特與巴茲・艾德林三人的共通點，就是他們都有哥哥或姐姐。這代表他們在成長過程當中都不是老大。在家中的排行，是長子、老二、老么或獨生子，是否真的會影響對壓力的追求？這的確有可能。

第一個孩子出生時，父母還是新手，因此會投入特別多心力，老二、老三誕生時，父母對孩子的養育過程較為熟練，因此投入的心思便會有所差異。童年時期的經驗差異便會對未來的態度造成影響。

一九六〇、七〇年代，出生順序的研究開始流行。一名研究員調查了紐約州立大學布魯克波特分校的男學生，看看出生順序是否會影響危險運動的參與意願，如高空跳傘、機車競速、跳台滑雪等。此研究相當直接，只需受試者填寫問卷，而研究結果一目了然、毫無異議。與出生順序較晚的學生相比，老大的確較不願意參與高風險運動〔請參閱 Yiannakis〕。

之後有學者進行類似研究，卻無法得到相同結果，讓人更加困惑。德州大學阿靈頓分校的社會學家帶頭組成研究小組，設計了數個問題，寄給美國跳傘協會（United States Parachute Association）的成員〔請參閱 Seff et al〕。他們要評比數項危險運動（包括跳傘、滑翔翼、機車競速等等）的風險程度，並回答自己參加各項活動的頻率。研究員還問他們之所以喜愛跳傘，是否是為了追求感官刺激（他們是否同意以下說法：「危險令人興奮，甚至能刺激感官」）、或是為了個人成就感（例：「我每次跳傘時都會更加瞭解自己」）。在這項較近期的研究當中，長子／女評比跳傘或機車競速等運動的風險並無特別不同；出生順序不同也不會影響參與這些活動的頻率；兄姐或弟妹並不會特別為了追求刺激或成就感而喜歡跳傘。簡而言之，出生順序並無影響。

兩項研究的對象皆為出生順序與危險運動的參與度，但是結果卻不一致。你可能會想說這種情況下，科學家該如何是好？其實，研究結果不一致的情形並非不常見，原因有數個。第一，科學結果通常都與機率相關。在心理學與社會科學領域尤其如此，通常若數據分析顯示至少百分之九十五確定某效應並非隨機發生，我們便能判定此效應存在。可是，這代表我們還是有百分之五的機會誤判效應的存在與否（我在下方簡化了此解釋，有興趣的讀者可參考「虛無假設顯著性檢定」（null hypothesis significance testing））。科學家將之稱為「錯誤率」，代表有時（百分之五的機率）研究會產生誤導的結果。要檢查研究結果是否可靠，最佳方式就是找一群不同的科學家進行相同研究，稱為「重複」。科學界經常會發生無法重複實驗結果的情形。

身為科學家，我認為研究發現不一致的情形相當有趣，而且我喜歡探究當中的差異。這種差異絕對都是細節所造成的。舉上方兩項研究的例子來說，第一項研究問了受試者是否願意參與危險運動，第二項研究則問受試者是否參加過危險運動。說一套做一套的情形相當常見，所以我認為第二項研究比第一項研究更為可靠。所以，這代表出生順序根本不會影響危險運動的參與度嗎？

在此情況之下，我的科學直覺告訴我出生順序不太可能會有所影響。使用行為測量（多常從事危險運動）的研究比意見測量（多願意從事危險運動）的研究來得可靠，而前者無發現任何效應。不過，將時間再拉近一點，加州大學的研究員回顧了不同學界對於出生順序和危險運動的各種研究。這種回顧報告可說是「綜合研究的研究」，在「出生順序是否影響危險運動參與度」的此問題上，應該算是最佳資訊來源（請參閱 Sulloway & Zweigenhaft ）。

此回顧報告不只參考兩份研究，一共找出了二十四份出生順序與危險運動參與度的不同科學研究（也就是說這些研究衡量了實際參與情形，而非僅衡量意願）。綜合發現效應與沒發現效應的所有研究後，此回顧報告發現兩者之間有整體正向效應，弟妹參加危險運動的機率是長子／女的一・四二倍。此強烈的科學證據相當有說服力，顯示了弟妹比較可能受極限運動吸引。

出生順序之所以會影響冒險活動的參與度，說到底是因為家庭動力。老大通常在早年會受到父母較多的關注，因為此時父母不需要「分散」他們的資源，也不需同時照顧數名小孩。的確，研究發現父母會花比較多的心思在老大身上。不僅如此，弟妹出生時，家裡會希望老大幫忙照顧弟妹。這代表老大與弟妹不同，比較習慣承擔父母給他們的責任或期望。

生長過程對於弟妹造成影響，讓他們較為外向、願意接受不同體驗。這可能是因為兄姐已經填補了有用的家庭角色，弟妹必須想出創新又非傳統的方式來討父母歡心。早期研究也曾得到相關的結果，團體當中欲改善社交地位的人，通常都可藉著冒風險來獲得良性益處。這代表弟妹會採用較有風險的策略培養身份和地位、從其中獲得助益，並在成年之後繼續使用此成功策略。其中一項結果便為弟妹比老大更偏好危險運動。

所以，跳傘等危險運動所帶來的壓力有其意外好處，其中一項就是能提供安全的環境、讓喜歡追求刺激的人冒險。此結果跟本章開頭社會學家詹姆士．哈迪比克所說的研究結果相同。他碰到的跳傘客表示，社會變得太過小心謹慎，現代人的生活反而停滯不前，極限運動成了過度保護感受的宣洩管道。跳傘客表示，調節跳傘的壓力也是跳傘的魅力之一，他們說：「擁抱恐懼有種奇妙的感受……不管怎樣你還是得面對恐懼。如果你內心毫無恐懼，那活著還有什麼意義？」

從三千到一萬三千呎高空跳下飛機，生死之間只有一層薄薄的尼龍布隔絕，這種恐懼和壓力感絕對夠刺激。除此之外，跳傘還會對你的腦袋有特別的影響。

第一次跳傘就變笨

「不管你在陸地上有多聰明，第一次跳下飛機時一定會變笨蛋。」全世界的跳傘教練肯定都會這麼告訴你。百分之十一的跳傘死亡事故皆非因為設備故障，而是因為人為疏失、無法採取即時的適當動作，這便是背後唯一的解釋方法。有時主傘會開不了，但此時並不一定會有悲慘結局，因為所有跳傘客都會帶著副傘。不過，每年都會有些可以避免的死亡意外發生，只因為跳傘客無法集中精神找出問題、打開副傘，最後導致「未拉繩」的悲劇結局。一群身兼業餘跳傘客的美國心理學家決定深入探討跳傘的壓力是如何影響基本思考過程的。他們曾經在跳傘中心的同學身上，看到基本錯誤危害安全的案例（請參閱Thompson et al）。

有位學生恐慌症發作，雖然主傘開得好好的，她卻拉下了分離主傘的繩索。幸好她利用無線電聯絡了地面人員，地面人員在最後幾秒緊要關頭內指引她成功打開副傘，順利度過生死關頭。另一名學生降落時，地面人員要他左轉，但他卻莫名地用力拉下右繩索。最後他墜落在跳傘中心的屋頂上，扭傷腳踝。這些聰明人究竟為何會在高空中犯下這些基本錯誤呢？

研究員認為，這是因為高壓環境之下，學習、回想訊息的難度大增。為了進行測試，他們決定讓跳傘客在跳傘的當下進行記憶測驗。他們找來了幾位經驗老到的跳傘客，並在他們每人胸前綁了一部索尼錄音帶隨身聽（此實驗於一九九〇年代進行，現在絕對會使用數位錄音筆）。主傘打開、確認繩索並無糾纏後，受試者便需按下「播放」鍵，接著耳機便會傳出一連串的單詞（如「三明治」；「臥室」；「蜘蛛」）。一小段時間過後，跳傘客必須按下「錄音」鍵，並且盡可能背出他記得的單詞，錄進錄音帶裡。接著他們按下「停止」鍵，開始專心朝著降落區轉向，準備降落。排除受試者從高空飛機跳下來的這項條件，這其實是很典型的記憶力測驗。

他們發現記憶力（也就是回想單字的能力）在空中會下降。跳傘客平均可以回想起五個單詞，但是第二組受試者在地面上接受測試，平均卻可回想起八個單詞。跳傘時為什麼記憶力會下降呢？記憶資訊的能力背後其實有數個層面。若要成功記憶，首先必須要習得材料（稱為「收錄」，encoding），接下來還要從回憶當中產出資訊（稱為「提取」，retrieval）。為了調查究竟是學習或提取階段（或兩者皆是）遭到干擾，研究員重複了此實驗，但這次跳傘客卻是先在地面上背下單詞，接著在空中接受回憶測驗（而非兩階段都在空中進行）。

第二次跳傘時，降落傘成功打開、在空中滑行時，他們按下索尼隨身聽的「錄音」鍵，盡可能背出他們想得起來的新詞。這組新詞是在坐上飛機之前記進腦海裡的，最後背出來的結果與在地面上並無差異。整體來說，這證明了跳傘的壓力會影響學習新資訊的能力（收錄），但不會影響回想記憶裡資訊的能力（提取）。

壓力干擾學習新資訊這回事，我們可以從以下角度來解釋：受試者是否能夠在腦袋裡連結單詞與聽到當下的語境（context）。此處所說的「語境」代表許多細節，包括跳傘客首次聽到詞時在幹嘛、聽錄音帶時眼前看到了什麼、這些單詞讓他們有何感受、以及單詞可能觸發的個人回憶。通常要記憶事物都必須仰賴這些額外的語境層面，記憶科學家稱之為「提示」（cues）。跳傘客之所以無法靠語境想起單詞，單純是因為冒生命危險跳出飛機的壓力阻斷了思考能力。此點結論已有進一步研究證實，後續實驗請跳傘客在跳出飛機之前以心算解數學題。與在地面受試的對照組相比，他們所犯下的錯誤較多，代表壓力會影響一般思考能力（請參閱 Leach & Griffith）。

這些研究幫忙解釋了人在空中「變笨」的一個原因：因為跳傘的極端壓力會干擾思考的能力，記憶能力也包含其中。新手跳傘客第一次跳傘時，對此生死一線間的情境產生情緒反應，讓他們的腦袋無法正常運作，難以處理訊息。跳傘的壓力讓人難以察覺理解周遭的一切，讓誤解更容易發生。結果可能會釀成悲劇，跳傘客可能因此切斷完好的主傘，或者在緊急狀況下開不了副傘。

但此研究似乎與本書的宗旨互相抵觸。如果壓力會降低理解周遭環境、與四周互動的能力，那似乎根本沒什麼好處。其實，跳傘影響我們的思考和理性能力，後果並非全為負面。一項近期研究發現此類壓力其實有些良性影響。

「閃光燈」記憶

第一次聽說戴安娜王妃過世時，你人在哪裡？如果你年紀還太小，對於一九九七年的事沒有印象的話，你記得第一次聽說九一一攻擊時，你人在哪裡嗎？如果二〇〇一年你都還沒出生，那你記得得知二〇一五年巴黎查理週刊恐怖攻擊事件當下的情景嗎？

如果你曾經經歷過這些指標性新聞事件（而且這些事情對你有其意義），那麼你很可能記得第一次聽到這件事的情景。舉例來說，我記得第一次得知九一一事件，是太太當時使用新推出的MSN網路訊息服務告訴我的。我記得當時我坐在辦公室裡（跟現在的辦公室不同），看到太太傳來的一行訊息，寫了有架飛機撞進世貿中心。我還記得起初以為只是一架輕型飛機受到天氣影響，偏離了航道。這些「大事件」的詳細豐富記憶稱為「閃光燈」記憶（'flashbulb' memory），因為這些記憶相當清晰，比一般記憶來得歷歷在目（像我就完全不記得前一天我跟太太在MSN上聊了什麼）。閃光燈記憶的其中一個特色就是事件當下所附帶的強烈情感。我對於紐約的個人情感強烈，所以九一一攻擊事件讓我感到恐懼、悲傷與憤怒。

加州大學戴維斯分校的心理學家進行了研究，欲得知跳傘所引起的極端情緒是否能加強記憶力，就像情緒協助記得閃光燈記憶的細節一樣（請參閱Yonelinas et al）。他們找來了受試者，受試者報名參加雙人跳傘，必須跟教練綁在一塊兒從高空跳出飛機（教練在受試者背後）。此類跳傘可以讓人體驗持續一分鐘、垂直距離大約兩哩高的自由落體刺激感，接著教練會打開降落傘，平穩地漂浮、降落到地面上。為了研究雙人跳傘的壓力會如何影響記憶，首先在跳傘一小時之前，研究員先讓受試者看了電腦上的一系列照片。接著在跳傘兩小時過後，研究員要求受試者盡可能回想自己看到的照片，並且寫下簡短的描述（如「一名男人在森林裡騎滑步車」）。實驗最後進行了進一步的記憶測驗，但這次使用的是再認測驗（recognition test）。再認測驗跟回想測驗不同，不需要憑空汲取記憶，而只需回答「是」或「否」，從眼前的照片當中辨認出哪些是跳傘前看過的照片、哪些只是混淆視聽用的照片。

雙人跳傘不會影響受試者憑空回想描述圖片的表現。就回想起的照片數量而言，跳傘客與其他在地面上等待的受試者大約相同。不過，跳傘客的再認能力比在地面上等待的受試者來的好。應該說，至少男性跳傘客有此現象；體驗跳傘的男性受試者比待在地面上的男性受試者認出更多張照片。不過女性跳傘客的再認比率與留在地面上的女性受試者大約相同，也和留在地面上的男性受試者的平均成績相同。

近期，記憶專家又發現了兩個獨立的回憶能力層面，與我們想起先前碰到的人事物相關。其中一項叫做「回溯細節」（recollection），也就是我們能確定自己先前碰過此人事物的能力。舉例來說，我們能夠確定之前碰過此人事物，是因為我們能想起第一次看到的反應（如興奮）、或是想起是在何處看到的，這就是回憶的例子。另一個層面則是「熟悉感」（familiarity），也就是我們曾經碰過此人事物，但卻無法提供額外資訊，足以確切回憶。跳傘會導致較高的熟悉感，但不會影響回溯的能力。

從心理學的角度來看，雙人跳傘的壓力與閃光燈記憶相似，可以啟動記憶強化的流程，讓記憶（此處即為照片）更不容易被遺忘。事實上，熟悉度增加、但是回溯（或回想）卻無改變，代表記憶痕跡（memory trace）整體增強了，記憶檢索（memory retrieval）流程卻不受影響。男性的記憶力之所以會因為雙人跳傘強化，是因為男性對跳傘的心理反應比女性還強。女性似乎覺得跳傘的壓力不足以高到產生此效應。

總而言之，壓力的其中一個意外好處就是可以強化你的記憶力，但是此項好處在壓力減輕後才會看得出來（跳傘實驗中即為兩小時後）。如果我們自找壓力的話，還能改善什麼其他心智功能呢？先前提到，跳傘客無法即時釐清思緒、拯救他們自己的性命，導致「未拉繩」的悲劇事件發生，其實已經多少間接回答了這個問題。不過，體驗過極端壓力的人，經常會表示感覺四周的世界似乎慢了下來，卻與上述的情形互相矛盾。一位曾經以高速摔出軌道的滑降滑雪客表示：「感覺就像你的感官變超級敏銳，所以對於時間的感知慢了下來……我記得我飛到空中，好像過了一世紀才撞到地面。我記得我心想：『什麼？我還沒落地嗎？』」矛盾的是：如果生死關頭時間慢了下來，那麼主觀看來似乎有更長的時間可以反應，那在這些情況下不是應該更能清晰思考嗎？

那瞬間時間都停止了

俗話說「歡樂的時光過得特別快」，便證明了主觀的時間感是可能改變的。在進行喜歡的活動時，時間似乎過得特別快，無聊時似乎過得特別慢。那在生死關頭時，時間幾乎凍結的驚悚感覺又是怎麼一回事？有些心理學研究員專門研究時間感。此領域的其中一位頂尖專家，約翰．威爾頓（John Wearden）教授是我之前在基爾大學的同事，而且我們的辦公室只有數間之隔。偶爾我們會一起共乘電梯、聊個幾句，他曾提到欲進行緊急狀況下主觀時間感變慢的實驗，或許就是因為這樣，我默默對於此主題產生了興趣。

當然，為了科學研究讓人暴露在真正的生死關頭太過不道德。所以德州大學和貝勒醫學院的研究員找來了志願受試者，進行夠嚇人、壓力又大、有如置身生死關頭、但又不會太過危險的活動（請參閱 Stetson et al ）。他們選中的活動是達拉斯無重力遊樂園的三十一公尺高懸吊捕捉空中裝置（Suspended Catch Air Device, SCAD）。進行 SCAD 時，受試者需從高處垂直跳下，身上不綁任何繩索或降落傘。受試者站立的鋼籠下方綁了個平台，掉到巨大的安全網上時才會停止。旅遊作家馬克斯・伍德利吉（Max Wooldridge）如此描述SCAD經驗：「大量的氣流推過我身邊。我突然朝著地面自由落體，以駭人的每小時七十五哩時速朝著地面墜落。地心引力實在太厲害了，我從沒體驗過這麼快的加速度。時間慢了下來，感覺好像慢了十倍，這段時間剛好夠我驚慌失措。」

達拉斯的研究受試者在SCAD上跳了兩次。第一次跳下平台後，研究員請他們估計跳躍的過程大約持續了多久時間。他們跟馬克斯・伍德利吉一樣，較可能高估跳躍時間。平均的預估跳躍時間是二・九六秒，實際上自由掉落的時間為二・四九秒。常有人認為生死關頭時，時間會過得特別慢，而此高估結果與此想法一致。想想看吧：如果一段時間感覺相當漫長，那麼預估所經過的時間應該會比實際更長。雖然如此，受試者是在跳下SCAD之後才回報時間慢了下來的。這些是事後回報的報告，換句話說則是事後才發生的判斷。寫這篇報告的科學家想要進一步進行研究，看看參與者在跳躍的當下會不會覺得時間變慢了。此研究的第二部分設計相當聰明，而且還回答了這個問題。

為了驗證參加者在跳躍當下是否會覺得時間慢了下來，研究員使用了叫做「閃爍融合」（flicker fusion）的實驗方法。想像黑底紅字的數字4，接著想像紅底黑字的數字4。假設你面前有個螢幕，會以穩定頻率交替顯示紅色和黑色的4字，你會看到4重複變黑又變紅。想像數字顯示的頻率加速。一段時間內，你可以看得到交替出現的紅色和黑色數字4，但是過了一定的門檻後，黑色4的紅色背景會抵銷紅色4（反之亦然），到最後閃爍顯示螢幕上會看不到任何數字。在此實驗當中，研究員使用了不同的數字和閃爍頻率，並請參與者說出螢幕上顯示的是什麼數字。研究員藉此判定了每位參加者剛好看不出顯示數字的閃爍頻率。白天的門檻紀錄平均為〇．〇四七秒，晚上平均則為〇．〇三三秒（部分受試者是在晚上參加的）。

判定出門檻頻率之後，研究員在受試者的手腕上綁上一個小螢幕，螢幕上交替顯示紅黑數字，頻率比他們的閃爍門檻還稍微高上一點，這代表在普通狀況之下，他們應該看不出螢幕上顯示的哪個數字。接著受試者站上SCAD，進行第二次跳躍，並遵從指示在向下跳時閱讀螢幕上的數字。有個可憐的受試者嚇到張不開眼睛看螢幕，所以研究員只能排除她的紀錄。不過，剩下的受試者勇敢多了。他們設法在跳躍時張開眼睛，並且成功回報跳躍時螢幕上顯示的數字。

此實驗的原理如下：如果主觀的時間感真的會在生死一線間變慢，那麼受試者從 SCAD 跳下時，應該會感覺整個世界慢了下來，一般情形下快到無法閱讀的閃爍顯示數字會慢下來，讓受試者看得到。這研究設計相當天才，但究竟成功了嗎？

很不幸，答案是否定的。令人失望的是，受試者從 SCAD 裝置跳下時，回報閃爍的數字只有約三成的準確率，跟在陸地上受試的準確率差不多。看來，生死關頭時間變慢的感覺只會在事後有強烈感受，但是卻沒跡象顯示跳躍當下也有同樣的感覺。只有事後回報顯示時間遲緩的跡象，因此此研究結果表示，主觀時間感變慢只是事後回顧事件的幻覺。所以時間不會在壓力之下變慢，只是感覺如此而已。此結果解釋了，跳傘客不會因為壓力而獲得更長的「思考時間」，更有效率地躲避緊急狀況。

但是，或許這種幻覺就夠了。或許這種時間變慢的感覺就能提供愉悅感、提供它特有的刺激感。說到這種「刺激感」，本章說不定一直漏講了應該「追求壓力」最重要的原因。到目前為止，我還沒討論從事極限運動、讓自己感受高壓的主要原因。但是，幸好有些科學家已經探討過了。我可以在此透露，研究員仔細調查過後，得到了一個相當驚人的結論：跳傘、SCAD跳躍與高空彈跳很有趣，或該說「high」得不得了。

我的腦內啡濃度好高啊

雖然訪談結果可能很明顯，不過赫特福德大學的研究員決定訪問首次嘗試高空彈跳的受訪者，請他們衡量跳下前一刻的情緒（請參閱Middleton）。研究員採訪的時機是在受訪者穿戴好護具後、踏進安全吊籠之前，接著下一秒他們就會被吊到五十公尺的高空。聽到工作人員大喊「三、二、一，跳！」後，他們就要踏出安全吊籠，體驗持續好幾秒的自由落體感受，接著彈力繩索會使他們減速、停止，最後再以相近的速率回彈。不出所料，首次高空彈跳的受訪者情緒皆相當正面。從報名高空彈跳到進入安全籠的前一刻，正面情緒的感受都在不斷增加。此結果證明了，雖然高空彈跳的壓力極大（或者甚至可能是因為此種壓力），高空彈跳成了一種正面情緒強烈的體驗。

高空彈跳為何會給人這種正面情緒？德國吉森大學的研究員提出了一種可信解釋。他們找來高空彈跳的新手，進行類似的研究，而且另外採取了血液和唾液的樣本〔請參閱 Hennig et al 〕。此次的研究結果再度證明了高空彈跳會產生明顯的正面情緒，包括了滿足感、清醒感與狂喜感增加，更別說還能降低焦慮與哀傷感。不僅如此，高空彈跳還能增加唾液樣本中的壓力激素皮質醇（cortisol）濃度、以及血液中的腦內啡（endorphin）濃度。學界已知，皮質醇會在壓力之下會增加，因此皮質醇增加便證實了高空彈跳時會產生壓力。腦內啡則可看做身體自然產生、類似嗎啡的物質。眾所皆知，嗎啡會產生強烈的滿足、開心、幸福、刺激與喜悅感，也就是所謂的欣快（euphoria）狀態。有趣的是，在這些高空彈跳客之間，腦內啡濃度與回報的欣快感成正相關，腦內啡濃度越高、欣快感越強烈。就目前我們對腦內啡的所知，此關連性很可能代表高空彈跳造成的腦內啡增加，導致了欣快感受的產生。

但是壓力明明是無法處理過多要求造成的負面感受，還可能危害健康、造成心臟病與憂鬱症等致死疾病，怎麼可能反而會釋放腦內啡，讓我們感受到欣快感呢？答案可能會讓你大吃一驚。其實並非大家所想，壓力也可以是一件好事。或許我該早點解釋，心理學家早已經研究辨識出了兩種壓力。人人都知道負面壓力（distress）會危害心理和生理健康。但是其實壓力還有另外一種，稱為優質壓力（eustress），而且大家還會主動追求這種壓力。此種相反的愉悅壓力得名自希臘字根 eu-（代表「好的」，如 euphoria）〔請參閱 Selye 〕。高空彈跳的研究證實了極限活動是正向經驗，因此它所產生的高壓可被視為愉悅的優質壓力，而非負面壓力。心理助益很可能伴隨著優質壓力，當中有些助益說不定會讓你跌破眼鏡。我們就拿雲霄飛車來當作例子吧。

搭雲霄飛車竟然可能減緩氣喘？

最早的地球引力遊樂設施是十七世紀聖彼得堡的冰丘。最早的雲霄飛車則是十九世紀初，巴黎各個公園所興建的巨型旋轉城堡滑梯。這些滑梯跟現代遊樂場設施有點相似，使用者不是坐在毯子上往下滑，而是坐在有滑輪的推車上，順著軌道滑動。十九世紀中，賓州原本用來在礦坑與城鎮間運送煤礦的毛區強克地球引力鐵路（Mauch Chuck gravity Railroad），定期開放讓大眾搭乘遊玩。美國史上第一個設計為遊樂設施的雲霄飛車為「折返鐵路」（Switchback Railway），一八八〇年代首次於紐約康尼島遊樂園開張。有趣的是，現代拉丁語系的國家都將雲霄飛車取名為「俄羅斯山」（Russian Mountains），來源可回溯至十七世紀聖彼得堡的冰丘。從這段雲霄飛車的歷史可看出，自從科技發展到一定程度起，大家都願意花錢享受搭雲霄飛車的優質壓力。

雲霄飛車之所以會受歡迎，是因為高速帶來享受感（見第四章），加上克服一開始的恐懼後，會帶來強烈的生理反應。正是因為後者，所以遊樂園都必須加上警告標語，告誡有心臟病的遊客勿搭乘雲霄飛車，原因其來有自。格拉斯哥皇家醫院的心臟學家（請參閱 Pringle et al）於一九八〇年代末期，測量了志願受試者在格拉斯哥花園節搭乘可口可樂滑車（Coca Cola Roller）前後的心跳速率變化（後改名為 Wipeout，移至英國羅斯托弗的快樂森林山丘主題樂園）。此遊樂設施搭乘時間共九十四秒，滑車會在兩座螺旋狀的軌道中間前後穿梭。滑車的加速力達三G，速度可達時速四十哩以上。驚人的是，心跳從平均靜止心率的每分鐘七十下，在搭乘時大幅增加至每分鐘一百五十三下。對部分年紀大的受試者來說，此心率已離他們這年紀的危險範圍相當接近。讓此結果更為可觀的，則是心跳增加的速度：所有受試者在設施開始的八秒內竟然就達到了最高心率。此規模的心率反應跟跳傘客和滑降滑雪客相似。

幾位荷蘭心理學家欲瞭解現代最常見慢性病背後的心理效應，此時雲霄飛車變成了最完美的刺激源〔請參閱 Rietveld & van Beest〕。氣喘（asthma）是因為攜帶空氣進出肺部的支氣管（bronchi）發炎而起。如果你有氣喘病，那麼你的支氣管可能會發炎，變得比一般還要敏感。因此，氣喘病患會碰到的一大問題便為呼吸困難（dyspnea），意思就是呼吸急促、咳嗽、喘鳴與胸痛。因發炎而阻塞的氣管會降低空氣進出身體的流量和流速，也就是醫學上稱的肺功能（lung function）。不過，一九七〇年代的氣喘學者發現肺功能與呼吸困難幾乎毫無關連，讓他們大吃了一驚。換句話說，有些氣喘病患可能會抱怨自己有呼吸困難，但是肺功能卻是正常的，其他人則有可能完全相反，在氣喘發作時毫無呼吸困難的症狀。

要解開此謎團，就必須將氣喘病患當下的情緒狀態納入考量，尤其是焦慮的患者最容易回報有呼吸困難的情形。換句話說，氣喘病有也心理層面的症狀，負面的情緒狀態會導致患者感覺有更嚴重的氣喘症狀。此情形似乎是因為，氣喘病患將負面情境與難以呼吸的情緒壓力連結在一塊兒。荷蘭的心理學家想探討相反的效應是否有可能成真。他們並非想探討負面壓力是否會導致呼吸困難的回報增加，而是想探討氣喘病患能否因為優質壓力而感到正面情緒反應，因而減少呼吸困難情況的回報數量。

於是，研究員以科學為名，找來了有氣喘病的學生受試者，帶他們到荷蘭的一座主題樂園搭乘雲霄飛車，而研究結果相當精采。雖然搭乘雲霄飛車過後，肺功能（以儀器測量的肺效率）下降，但是呼吸困難的情形卻沒有因此增加。實際上，呼吸困難的情形甚至在搭乘過後減少了。此研究發現，雲霄飛車所帶來的正面優質壓力可以降低氣喘的其中一項症狀，證明了正向壓力還有另一種好處。你現在可能在想，如果正向壓力有這麼多好處，那我們應該多追求正向壓力才對。乾脆一不做二不休，有沒有辦法可以讓負面壓力變為正向呢？

微笑還真能減輕壓力？

心理學當中歷史最淵遠的概念之一，就是情緒會出現在身體的生理反應之後，而非之前。所以，我們不是看到熊、感到害怕之後才拔腿就跑，而是看到熊、拔腿快跑之後才感到害怕。我們稍早在第五章當中也以戀愛討論過此概念。如果這是真的，那麼不管每個人對於情緒反應的認知為何，所有人的情緒反應基本上都是一樣的。因此，德國曼海姆大學的心理學家設計出了一個思考實驗，請受試者以嘴巴含住一支筆〔請參閱 Strack et al 〕。部分受試者需用牙齒咬住筆尖，因此不自覺地露出了微笑（歡迎讀者自己試試）。其他受試者則需用嘴唇含住筆尖，不自覺地露出了噘嘴的表情，一絲微笑都不帶。受試者咬好／含住筆後，需評量漫畫家蓋瑞・拉森（Gary Larson）的漫畫作品《遠端》（The Far Side®）是否幽默。有趣的是，如果受試者用牙齒咬住筆，那麼評比出來的漫畫幽默分數會比另一組來得更高。此研究證明了微笑可以改善你的情緒，與一般人認為微笑是情緒外在表現的想法完全相反。

堪薩斯大學的心理學家〔請參閱 Kraft & Pressman 〕更進一步驗證這個概念，

請受試者咬住一雙筷子，選項有三：垂直咬住，閉嘴唇噘嘴；垂直咬住，張嘴唇露齒咧嘴；或是水平咬住，面帶微笑。咬好筷子之後，研究員接著設法讓受試者感受壓力。受試者必須用筆描繪星形的輪廓，但是只能看鏡子裡的倒影進行，不能直接看自己的手。此條件讓整個任務難度大為提升，壓力也跟著大增，幾乎不可能不出錯就完成任務。除此之外，受試者還必須將手放進冰水裡一分鐘，進一步增加壓力。從心率的加速便可看出，這兩項挑戰都會產生一定程度的壓力。研究員想藉由測量心率降為一般水平的所需時間，看看微笑是否會影響壓力回復的情形。在泡冰水和畫星星兩項挑戰當中，微笑的受試者壓力回復的速度都比咧嘴或噘嘴的受試者來得快。

此實驗證明了的確有辦法可以降低感受到的負面壓力程度。「微笑撐過壓力或痛苦情形」的老生常談或許真有其道理。面臨挑戰時露出微笑，可以降低負面壓力的感覺，並且鼓勵優質壓力的感受，讓使壓力回復的速度加快。

一起追求優質壓力吧！

本章當中，我們瞭解了正向體驗的優質壓力可以幫忙情緒的自我調節，幫助為人弟妹者建立身分認同、還能改善記憶力。優質壓力還能夠讓你感覺時間慢了下來，並且增加你的腦內啡。如果你是氣喘病患，優質壓力還能降低呼吸急促的感受。壓力的好壞是我們自己在腦海裡決定的，所以在部分情況之下，我們可以掌握主控權，將難題視為挑戰，把潛在的負面壓力轉換成能改善生活的優質壓力。讓我們一起加入追求優質壓力的行列吧，跳傘客和其他極限運動愛好者早就知道這個道理了。

本章一開始，我提到了一位社會學講師成了跳傘客。他本身的經驗與他在旅程當中所認識的人，都可以證明優質壓力有其助益。事實上，此研究打破了一項跳傘客的刻板印象。他們不是無所不用其極、只想與死神挑戰的冒險癮君子。他們其實是在自我挑戰，只有少數的跳傘客會刻意增加風險。一九八〇年代謠傳有些跳傘客會服用藥物增加刺激感，但此一跳傘社群絕不會從事類似活動。其中一位跳傘客說道：「實際上的危險極限……我很清楚就在那兒，我不需要再進一步挑戰極限。我知道危險何在，我一點也不想增加危險。」

從事跳傘、高空彈跳和雲霄飛車的人都是想在已經夠豐富、多元的生活當中增添一點風味。優質壓力可以避免生活落於平庸，突破隱藏在現代生活中的重複死板。通勤、週末、三餐、碰到的人都可能隨著時間而變得索然無味。這些人並不是想找死，而是想要挑戰克服恐懼、精通新技藝。這些高速活動所帶來的純粹樂趣，正是我們改變生活、享受人生所需要的一點調味料。

延伸閱讀

Hardie-Bick, J. (2011), 'Skydiving and the metaphorical edge' In: Hobbs, Dick (ed.), SAGE Benchmarks in Social Research Methods: Ethnography in context, Vol. 3. (Sage, London, 2011)

Hennig, J., Laschefski, U., & Opper, C. (1994), 'Biopsychological changes after bungee jumping: beta-endorphin immunoreactivity as a mediator of euphoria?', Neuropsychobiology, Vol. 29 Issue 1 pp 28–32

Kraft, T. L. & Pressman, S. D. (2012), 'Grin and Bear It: The Influence of Manipulated Facial Expression on the Stress Response', Psychological Science,Vol. 23 No. 11 pp 1372–8

Leach, J. & Griffith, R. (2008), 'Restrictions in working memory capacity during parachuting: a possible cause of "no pull" fatalities', Applied Cognitive Psychology,Vol. 22 Issue 2 pp 147–57

Middleton,W. (1996),'Give 'em enough rope: Perception of health and safety risks in bungee jumpers', Journal of Social & Clinical Psychology,Vol. 15 No. 1 pp 68–79

Pringle S. D., Macfarlane, P. W. & Cobbe, S. M. (1989), 'Response of heart rate to a roller coaster ride', British Medical Journal,Vol. 299 p 1575

Rietveld, S. & van Beest, I. (2006), 'Rollercoaster asthma: When positive emotional stress interferes with dyspnea perception', Behaviour Research and Therapy,Vol. 45 pp 977–87

Seff, M. A., Gecas,V. & Frey, J. H. (1993), 'Birth Order, Self-Concept, and Participation in Dangerous Sports, The Journal of Psychology: Interdisciplinary and Applied, Vol. 127 Issue 2 pp 221–32

Selye, Hans, The Stress of Life, Revised Edition (McGraw-Hill, New York, 1978)

Stetson C., Fiesta M. P. & Eagleman D. M. (2007), 'Does Time Really Slow Down During a Frightening Event?', PLOS ONE ,Vol. 2 Issue 12 e1295

Strack, F., Martin, L. L. & Stepper, S. (1988), 'Inhibiting and facilitating conditions of the human smile:A nonobtrusive test of the facial feedback hypothesis,' Journal of Personality and Social Psychology,Vol. 54 No. 5 pp 768–77

Sulloway, F. J., & Zweigenhaft, R. L. (2010), 'Birth order and risk taking in athletics:A meta-analysis and study of major league baseball,' Personality and Social Psychology Review,Vol. 14 No. 4 pp 402–16

Thompson,L.A.,Williams,K.L.,L'Esperance,P.R.& Cornelius, J. (2001), 'Context-Dependent Memory Under Stressful conditions:The Case of Skydiving,' Human Factors,Vol. 43 Issue 4 pp 611-19

Woodman, T., Cazenave, N. & Le Scanff, C. (2008), 'Skydiving as emotion regulation: The rise and fall of anxiety is moderated by alexithymia,' Journal of Sport & Exercise Psychology, Vol. 30 Issue 3 pp 424–33

Yiannakis, A. (1975), 'Birth Order and Preference for Dangerous Sports Among Males,' Research Quarterly,Vol. 47 Issue 1 pp 62–7

Yonelinas A. P., Parks C. M., Koen J. D., Jorgenson J. & Mendoza S. P. (2011),'The effects of post-encoding stress on recognition memory: examining the impact of skydiving in young men and women,' Stress,Vol. 14 Issue 2 pp 136–44

Case7
Waste time

不要跟別人說我其實閒閒沒事做

一位返家的大學生坐在花園裡頭。他在從小生長的小村莊裡頭陪伴母親，感覺繁忙的劍橋生活根本是另一個世界。這趟鄉村之旅相當無聊，根本沒什麼事好做，整天就只是在戶外漫無目的地閒晃而已。但是，或許對忙翻天的碩士學生來說，這正是寶貴的休息時間。暫停學術生活喘口氣，也許能讓他從更寬廣的視野看事情，更清楚地看見大千世界的微小細節。通常一顆蘋果從樹上掉下來只是件一點都不起眼的事，但是這起日常細節卻在此情形之下成了意義相當重大的發現。此發現的影響力超越伍思索普科特沃斯村（Woolsthorpe-by-Colsterworth）、超越劍橋、超越英國、甚至超越了地球和太陽、月亮與星星。或許正是因為年輕的牛頓正在浪費時間，所以他才想出了萬有引力定律。

本書此章將解釋為何遊手好閒可以對人產生心理助益。從做白日夢到塗鴉、從嚼口香糖到逃避家事、更別說單純地無聊閒閒沒事做，科學告訴我們浪費時間其實有很多意料之外的好處。的確，什麼都不做有時確實可以是解決難題的關鍵。

白日夢讓難題迎刃而解

你是否曾經玩字謎遊戲玩到一半放棄，幾小時或幾天後卻發現之前的難題迎刃而解？有時觸發你回去解謎題的想法，可能就是做其他事時躲在意識當中的正確答案。這種感覺就好像你的腦袋在毫無意識的時候在幫你解題一樣。科學界認為人類有能力像這樣間接思考難題，並將此流程命名為「潛伏期」（incubation period）。有時隱約相關的事件會促使解答迸出來，牛頓的案例即為如此。所以，這段潛伏期背後的心理原理究竟為何？

此原理可能跟最浪費時間的白日夢有關。此理論由加州大學聖塔芭芭拉分校的心理學家提出，他們設計了實驗，探查此說法是否為真（請參閱 Baird et al.）。首先，他們設計了一道題目：他們請受試者為日常物品提出不尋常的用法，尤其是違背原本設計的用法。舉例來說，其中一樣物品是磚頭。磚頭的特殊用法可能包括當紙鎮、門擋、或是放在花園小路裡做為裝飾。用磚頭來砌牆不算是答案，因為砌牆原本就是磚頭的主要用途。

接著，為了讓受試者做白日夢，研究員刻意設計了一項很無聊的任務。受試者必須坐在電腦螢幕前，螢幕上會顯示一連串的個位數數字。大多數字都是黑色的，但是偶爾會出現紅色或綠色的數字。螢幕上出現有顏色又是偶數的數字時，受試者必須回答「是」（如紅色或綠色的2、4、6、8）。若數字沒出現，他們還是得安靜地坐在原位盯著螢幕看。大多數字都是黑色的，所以受試者根本沒什麼事好做，因此非常難集中注意力。一段時間過後，他們的腦袋會無可避免地分神，接著便如研究員所願，開始做起白日夢。

一半的受試者需進行這項無聊的任務，另一半的受試者則要做另一種版本的任務，雖然任務內容相似，但較沒那麼無聊。受試者還是要找出有顏色的數字，但這次他們必須以不同的方式回答；如果出現了有顏色的數字，他們必須回答前一個黑色數字是否為雙數。第二個版本的任務更需要受試者集中注意力。此版本當中，他們必須主動將數字記在心裡數秒鐘，而不是像第一個任務一樣，被動地盯著螢幕等待有顏色的數字出現。此任務更需要注意力，因此大大降低了做白日夢的次數。

受試者完成了其中一項電腦任務之後，必須再次為同樣的物品想出特殊用途。此實驗設計可讓研究員探討，在腦袋可能不自覺解題的潛伏期中，進行的活動是否會影響解題結果。他們發現，與第二組受試者相比，在潛伏期進行無聊任務的第一組受試者能為日常物品想出較多的創意用途。

休息能夠幫忙解決難題，此研究結果也支持了這個想法。此實驗中，要解決的難題就是為物品想出特殊用途。此問題為開放式問題，是相當聰明的設計，除了限制不能說出原本的用途之外，幾乎沒有什麼條件。許多現實生活當中的複雜難題也是開放性的，答案絕對不只一種，有數種可接受的方式能夠解決。或許在蘋果落下樹枝這一歷史性關鍵時刻，我們年輕的牛頓就在做白日夢。科學界證實了浪費時間有個非常有用的意外好處：能夠幫助我們解決難題。這下你這輩子都不需要從沙發上站起來了！

你可能會認為牛頓與蘋果樹的故事只是個迷思，但這個故事似乎有其真實性。牛頓將這個蘋果樹的故事告訴了幫他寫自傳的作家，威廉・司蒂克力（William Stukeley），而且此故事也出現在《艾薩克・牛頓爵士生平回憶錄》（Memoirs of Sir Isaac Newton’s Life）一書中。不過，有些我有興趣的細節卻從來沒有記錄在書中。例如，牛頓母親的花園是否乾淨整齊？信不信由你，這個細節說不定也對於歷史性的這一刻有重大影響。

髒亂的環境讓你創意大爆發

你寧願打掃房子還是看電視？你在辦公室習慣把工作空間整理得乾乾淨淨，還是你採自由放任主義？愛因斯坦曾說過一句名言：「如果擁擠的書桌代表腦袋裡塞了許多東西，那空桌又代表了什麼？」這位德裔理論物理學家、科學哲學家兼相對論創始者說出了這句話，其實帶出了一項很有意思的議題。我們通常認為有條不紊就代表品行好、走正道，亂七八糟就代表品行差、偏離正道。但是你所處環境是否整潔，真的會影響你的思考模式嗎？

為了找出答案，明尼蘇達大學的物理學家帶領一群行銷學者組成團隊，設置了幾間辦公室與會議室（請參閱 Vohs et al ）。當中有幾間整潔的辦公室，桌上只有幾樣收納整齊的物品。其他辦公室裡頭環境髒亂，物品隨意丟在桌面與地板上，看起來像是匆忙亂丟的，而非刻意安排。接著學者邀請幾位受試者進入房間，進行不同任務。一項任務當中，學者告訴受試者當地廠商希望能擴充市場，想找出核心產品乒乓球的新用法。受試者必須提出乒乓球的十項新用法，接著這些建議會依據創意程度接受評分。

令人驚奇的是，在髒亂房間裡頭的受試者想出的乒乓球妙用比另一組多上許多。其中一項妙用就是把乒乓球切成一半，用一半的乒乓球當作製冰盒（與原本的用途天差地遠）。另一方面，有位受試者建議用乒乓球來玩「啤酒遊戲」，參與者必須將乒乓球彈進啤酒杯中（彈進的話要做什麼不用我多說吧）。此建議的創意度被評為低分，雖然遊戲不同，但乒乓球還是被當成球來用。

在深入實驗中，髒亂與乾淨房間裡的受試者需為當地餐廳建議菜單。其中一道餐點是水果冰沙，裡頭加了據說對身體有益的原料。其中一種冰沙的描述表示能提供「經典（classic）健康益處」，另一種表示能提供「全新（new）健康益處」。這些菜單只差了兩個字，但是在乾淨房間裡的受試者較常選擇「經典」而非「全新」，在髒亂房間裡的受試者則正好相反，較常選擇「全新」而非「經典」。此結果證明在髒亂房間裡的受試者對於新事物的接受度較高。

綜合這些研究結果，可以發現有條不紊跟傳統思維較為相關，偏好已經碰過的事物；髒亂不堪則會促進較有創意的思維，以創新為重。如果你被困在同一個地方、每天重複做同樣的事，而你想要有所改變的話，本研究建議你暫時先別做家事。浪費時間、不整理家裡或工作環境也有個意外好處，那就是因此髒亂的環境可能會激發創意，鼓勵你突破傳統、發掘新事物。而且，你還可以不用做家事呢！

假設你決定聽從我的建議，不做有建設性的事，你可能會覺得需要找些事情來消磨時間，但該做什麼才好？有些專業人員就有這些困擾，因為他們拿了錢、但是卻得呆坐好幾個小時什麼都不做。進行棒球賽時，進攻隊伍的球員必須耐心等待自己站上打擊區。如果你看過棒球賽，你肯定看過棒球選手在等待時經常做的事情：嚼口香糖和吐口水。我不打算探討後者，至少本書並無此打算，但是嚼口香糖這件事相當耐人尋味，棒球選手為什麼要嚼口香糖呢？Yahoo知識家的討論串當中，數項回答皆表示嚼口香糖可以消磨時間。用這種方式讓自己的嘴巴忙當然能分心，但是背後的原理可沒那麼簡單，因為有數項研究證實了嚼口香糖有其心理助益。

浪費時間嚼口香糖促進身體健康

大約九十年前，北美洲的貿易活動開始起飛，但是有些人質疑口香糖是否為適合大眾購買的產品（請參閱 Robinson ）。批評者認為嚼口香糖沒禮貌又不雅觀。的確，口香糖還是有些不好的刻板印象。嚼口香糖會給人不順從的感覺，或許可以解釋叛逆學生為何特別喜歡這樣做（不信的話，去隨便一間教室看看最後一排的學生吧）。的確，新加坡於一九九二年禁止了口香糖的進口與販售，部分原因是因為有人在火車車廂門上黏口香糖，導致火車誤點，另一原因則是因為人行道上黏口香糖的問題相當嚴重（禁止令現已放寬，現在無糖口香糖在新加坡相當常見）。

但是口香糖的形象並非一直以來都如此負面。口香糖最初開始販售時是平價消費產品，二十世紀初的廣告甚至宣稱口香糖有各種健康效益。口香糖廠商表示口香糖可以減輕壓力、舒緩神經和肌肉、削減疲勞、解渴、幫助消化和減緩齲齒。浪費時間的口腔配件、壞小孩最愛的口香糖，真的有可能是健康產品嗎？

自口香糖上市以來，科學家不斷將它們做為研究目標，想證實（或反駁）口香糖公司據稱的效益。近期英國諾桑比亞大學的心理學家（請參閱 Scholey et al.）決定測試口香糖是否真能紓壓（指的是討厭的負面壓力、而非開心的正面優質壓力，詳情請見第六章）。為了進行此研究，學者必須設計辦法讓受試者「感到壓力」。心理學界有著實務守則與研究倫理委員會等機構，確保有人類受試者的研究不會傷害到受試者。朝著人揮舞斧頭、或是折磨他們的親戚，毋庸置疑會產生大量壓力。不過，委員會不可能會批准這些實驗技巧。此研究當中，研究員使用了沒那麼誇張的方式來給予受試者壓力：受試者需同時進行數項電腦作業。

一部電腦螢幕被分割成四部分，同時顯示四項作業，包括了算數（十位數的數學題，如 16+17=?）；分神，又稱為史楚普作業（Stroop task）（說出不同顏色詞的字體顏色，如綠色的「藍」字）；視覺（不讓移動的紅點太靠近畫面分割邊緣）；以及記憶（尋找特定字母）。完成其中一個作業之後，第二個題目就會馬上出現。這些作業分開來看都沒什麼挑戰，但是同時進行全部絕對會讓人感到壓力倍增，受試者事後便回報了此種感受。

實驗本身非常的簡單。受試者必須進行上述的四合一作業兩次。一次須邊嚼口香糖邊進行，另一次則不嚼口香糖。實驗的重點是要探討嚼口香糖是否會讓壓力程度與作業表現產生差異，結果兩次實驗真的有所不同。嚼口香糖時，受試者認為四合一作業較無壓力，而且表現比沒嚼口香糖時更好。此實驗簡單但符合科學精神，而且研究結果支持口香糖有健康效益的說法。

但是口香糖究竟是怎麼紓緩壓力的？我在第五章與第六章中提過，感受情緒的方式與我們為情緒貼上的標籤息息相關。此研究的受試者原本就有嚼口香糖的習慣，當中有數位表示自己嚼口香糖是為了紓壓。這些受試者會在進行四合一作業時注意到自己的心跳加快。如果他們相信自己心跳加快是因為嚼口香糖（科學界已確定嚼口香糖會加快心跳），而非四合一作業的難度造成，那麼他們主觀會感受到較輕的壓力，便不會因為擔憂而分心，讓他們能夠專心於四合一作業之上，能有較佳的表現。

不過，科學是個民主的流程。必須要有其他科學家進行類似的實驗、得到相同結果，才能確定口香糖的紓壓效果是真的。科學界將此稱為重複（replication）。很不幸地，口香糖的紓壓效果並無成功重複出來。考文垂大學的一群學者（請參閱 Torney et al ）進行了實驗，卻發現就算嚼了口香糖，也不能減輕無解字謎所造成的壓力（同時使用了這種不可解的難題，證明了心理學家真是陰險！）。卡迪夫大學的科學家撰寫了一篇回顧報告，並得到以下結論：我們不能確定口香糖是否真的能夠紓壓（請參閱 Allen & Smith ）。許多研究報告的結論都表示需要進一步研究，這都在科學界裡成了老笑話，此研究就是最好的例子。

愛浪費時間的人喜歡嚼口香糖，這就是口香糖所帶的負面印象。雖然我們還沒辦法百分百確定，但有些研究顯示面臨挑戰時嚼口香糖，可以減輕壓力、讓我們感覺好些。所以，浪費時間嚼口香糖的其中一項意外好處，就是可能可以改善我們的心理健康。其實，嚼口香糖並不是唯一一個看似無用、但其實有心理助益的活動，我們來看看另一個最近學者證明有其用途的懶人消遣吧。

亂塗鴉可以幫助保持注意力？

你是否曾經在無聊冗長的會議或課程中，在紙張邊緣無意識地寫字或塗鴉？這種展現無聊的方式是否讓你感到內疚，甚至還有點不專業？無聊時會不自覺地塗鴉或許背後有其原理。塗鴉通常會被認為是浪費時間和不專心的消遣活動，普利茅斯大學的一位心理學家想知道塗鴉是否真的能協助保持注意力、改善表現（請參閱 Andrade）。

為了測試此想法，她設計了一個無聊的實驗。受試者必須聽一段無聊的電話留言，內容與準備派對相關。此段假電話留言是長達兩分鐘的日常細節。學者告訴受試者留言內容會很無聊，而且錄音還真的沒讓我們失望：「奈吉爾原本也要來，但他發現他要去朋占斯開會」；還有「蘇西也會去，就是我在哈洛陶瓷課碰到的蘇西」。研究員請受試者邊聽留言邊寫下確定會去、可能會去派對的人名，不能去的人則不需要記下。

在錄音時，學者設法鼓勵部分受試者塗鴉。此階段的實驗設計就必須非常小心。直接請受試者自由塗鴉便會引起疑心，讓受試者覺得畫出的圖會被用來進行實驗。受試者會過度注意自己的塗鴉，反而難以留心聆聽訊息。因此受試者拿到了畫滿一排排方格與圓圈的紙張，受試者必須用鉛筆塗黑這些形狀。

你可能會認為塗鴉會讓受試者難以注意電話錄音的內容。通常一心二用會比專心做一件事還要來得困難，但是此實驗卻得到了相反的結果，塗鴉反而能讓受試者更容易記住參與者的名字。塗鴉的受試者大多全寫下所有八位參與者的姓名，只有一兩位沒辦到，沒塗鴉的受試者則漏掉至少一位參與者的姓名。在突擊進行的記憶測驗中，比起沒塗鴉的受試者，塗鴉受試者記得的參與者姓名和提及的地名更多。

塗鴉之所以會使受試者更能專心聽電話錄音，似乎是因為塗鴉能幫助減少耳朵「關閉」的傾向。電話留言刻意設計得很無聊，塗鴉可以幫助受試者保持注意力，避免受試者的腦袋分神得太嚴重。所以，浪費時間塗鴉的一項意外好處，就是能夠幫助你保持注意力，更有效率地進行無聊但必要的作業。下次在開會或上課時，如果你發現自己不自覺地在塗鴉，那麼恭喜你，這其實代表你相當認真，你的老闆或老師應該獎勵你才是。

本章目前為止，我們討論的都是要躲避無聊工作時可能會做的消遣活動。

我們現在知道了做白日夢、不打掃、嚼口香糖和塗鴉都可能對我們有幫助，但是有些時候不管什麼消遣都沒辦法讓我們分心。有些時候我們可能會有數樣事情要做，但卻沒有一件是有趣的。你可能會認為，在這種無聊時刻花時間拖地是浪費時間和無意義的極致，但你這麼想就錯了。

讓我們擁抱無聊的感覺

想像有個傢伙不知道「無聊」是什麼感覺，你會怎麼向他描述呢？心理學家會將無聊解釋成「沒有任何意圖、目的，或是虛無的感覺」。無聊的正式定義則是「沒有慾望參與世事」（請參閱 Goldberg et al ）。

事實上，在現實生活當中很難找到不懂無聊為何物的人。無聊是一種跨文化的人類經驗，任何人時不時都會有無聊的感受。從表面上看來，無聊感似乎毫無用途。無聊感會擾亂平順的日常生活，而且又是種不太舒服的感受。你可能會疑惑，究竟為什麼會有無聊感。你絕對不是第一個這麼想的人，許多哲學家也曾經注意過無聊這回事。

倫敦大學的存在主義哲學專家克利斯欽・吉利安（Christian Gilliam）近來發表了一篇報告（請參閱 Gilliam ），文中表示無聊感並非浪費時間，其實有其重要目的。但是，首先我要稍微用幾句話介紹存在主義。這派現代哲學主要是探討存在這回事，以及以下問題：「生命的意義為何？」對存在主義者來說，這個基本問題並沒有明確的答案。因為我們無法提出一個令人滿意的答案，所以就必須活在存在主義哲學家口中所說的「存在的荒謬」（existential absurdity）之中。除了我們賦予的意義之外，這世界其實沒有什麼意義，無聊感就在此時發揮了作用。

據吉利安所說，無聊感最重要目的就是讓人確定生活有意義，因為無聊感是最貨真價實的體驗。吉利安是怎麼得到此結論的？他引用了史上最早的存在哲學家之一，索倫・齊克果（Søren Kierkegaard）的話：「無聊存在於虛無之上，虛無與存在互相交織」。停止因世界的表象而分心後，我們就只剩下存在核心的虛無與荒謬，無聊的感覺油然而生。

但是我們不該使用負面的角度來看待無聊感。無聊促使我們建構意義。透過無聊感，我們知道我們必須自行創造出人生意義。另一方面，不會無聊的人是因為他們沉浸在被視為膚淺的世界當中。由於他們不會感到無聊，因此存在哲學家將他們視為「粗俗的人」（plebeians）（齊克果在此語境中真的用了這個表達）。

所以，當我們不需要努力求生，尋找食物、或是抵抗壓迫，我們便是自由之身，但是我們同時也陷入了一種存在虛無當中，因而產生了無聊感。但是，痛苦的是，無聊的感受絕對貨真價實。哲學家尚—保羅．沙特（Jean-Paul Sartre）將這種心態比喻成《彼得潘》（Peter Pan）裡的「迷失男孩」（lost boys）。他們故意不長大、進入嚴肅的虛假世界，於是保留天真孩童的身份開心玩耍。這麼看來，認真看待人生其實是件非常諷刺的事，因為這麼做反而是在否定人生。

這篇有趣又易讀的哲學報告認為大家應該要擁抱無聊感，而非抗拒它。當你感到無聊，其實是在體驗唯一貨真價實的感受。無聊其實是一種帶有可能潛力與機會的狀況。這些概念都很棒很精彩，但畢竟概念還是概念。哲學是一種透過邏輯演繹看待思考世界、想出解決辦法的學問。連福爾摩斯都必須走進現實世界尋找證據，這就是科學的功用。科學可以讓我們測試哲學概念在現實中是否站得住腳。所以科學界對於無聊這回事又有何看法？

無聊的人更會追求人生意義

若要就心理學的角度來瞭解某種現象，其中一種辦法就是收集大眾對該現象的印象。新墨西哥大學進行的一項心理學研究便這麼做了（請參閱Harris）。此研究向大學生受試者詢問了跟無聊感有關的開放式問題，並且錄下回答。

學生要回答的問題包括：什麼情形會導致無聊感發生、他們怎麼知道自己很無聊、無聊感是否是正面的感受。諷刺的是，最容易讓大學生覺得無聊的原因就是演講和上課。後面的排名包括沒事好做、沒有挑戰與單調死板。學生們認為無聊感包括了坐立不安、注意力分散、疲倦、沒事做等成分。將近四分之三的學生都說無聊感有時可以是正面的感受。他們表示無聊感提供了思考或反省的機會，可以使他們放鬆、擺脫壓力，或是提供機會嘗試新事物或發揮創意。

他們的回答與哲學界的看法相同：無聊感是提供一線機會的狀況。如果我們接受無聊感代表了某種意義的喪失，那麼大家無聊的時候應該能感覺得到。辨認出無聊的跡象對於本實驗受試者來說不是問題。我應該補充說明，身為大學講師，看到演講是最常造成無聊感的原因，讓我相當痛心，不過這結果其實沒讓我那麼吃驚，我還記得我自己學生時期也是不情不願地撐過整堂講課。這些受試者都知道無聊感的正面效應嗎？沒錯，他們都知道無聊可以觸發自我反省，還是嘗試新事物的好機會。

目前看來還不錯嘛，但是從某些角度來看，我剛剛提到的研究其實只是說出了些顯而易見的事實而已。當然每個人都知道怎麼辨認無聊感。但如果無聊感真能讓人改變自己的行為，以尋找更有意義的事情，那麼無聊感所包含的衝擊肯定要相當大。我們可以將感受到痛楚視為類似的流程，因為身體對受傷的反應相當不舒服，無法讓人視而不見。疼痛指導我們立刻採取行動，以回應危急生存的威脅。若要支持「無聊感使我們改變行為，以追尋更多意義」此言論，那麼無聊感就應該像疼痛一樣，要能造成身體上的生理轉變。但是真會如此嗎？

安大略滑鐵盧大學的心理學家〔請參閱 Merrifeld & Danckert 〕找來受試者，並將他們接上測量心率和膚電反應的機器（第三章解釋過膚電反應為何），以測量身體的生理反應。接下來受試者需觀賞不同的影片，引起他們不同的情緒。其中一個影片故意設計得很無聊：內容為兩個男人在曬衣服。雖然偶爾一人會向另一人要空衣夾，打破冗長的空白（原版的研究文章中清楚地記下了這些細節），但是受試者全都同意這段四分鐘的影片常讓他們覺得無聊。第二個影片是英國廣播公司（BBC）的記錄片《地球脈動》（Planet Earth）片段，內容為異國動物與景色，目的在激起中立的情緒，不過受試者將此影片評為「有趣」，而非中立。第三段影片為電影片段，內容為小男孩哀悼自己死去的父親。此影片的用意是要讓觀眾感到悲傷。受試者在觀看三段影片時，研究員會持續觀察他們的心率與膚電反應程度。

在所有三段影片播放的過程，膚電反應指數皆穩定減少，不過無聊影片的膚電反應指數降得特別低。這代表了我們對於某樣東西的注意力（此案例中即為影片）會隨著時間下降，如果無法引起我們的興趣的話，下降的速度更快。另一方面，無聊的影片會造成心率持續上升，但是有趣或悲傷的影片播放時，心率卻毫無變化。心率的增加相當重要，因為它代表了無聊是一種生理激起的情緒狀態。無聊感會激起生理反應，這與先前提到的哲學概念不謀而合：無聊就像疼痛一樣，是一種讓我們注意、做出反應的信號。但是，如果無聊是一種可能的狀態，會鼓勵我們改變行為，那麼我們就應該感覺得出無聊感會改變我們的心理，造成上述的行為改變。所以，是否真有證據顯示無聊感會造成這類的心理效應呢？

無聊感迸發無限創意

依個人觀點不同，一九七〇年代的寒暑假可能是(a)童年的黃金時期，小孩子可以盡情在戶外玩耍，不用擔心受怕；或(b)毫無規劃的大把時間，少了網路或電視等等現代消遣更是無聊冗長。事實上可能兩者皆是，而且當時的電視其實沒那麼糟，當年的三台（BBC1、BBC2和ITV）當中至少會有一台在早上播兒童節目。英國廣播公司有個節目名叫《你為何不？》（Why Don't You?）。這節目的廣告口號有點尷尬：你為何不關掉電視機，出去做些沒那麼無聊的事？除了告訴我們當年的父母就相當擔心孩子在電視機前坐太久，這個口號其實相當沒必要，而且也一點也不朗朗上口。如果你把孩子留在電視機前夠久的時間，他們遲早會覺得無聊，開始自己找樂子。賓州州立大學的心理學家曾經做過研究，提供了相關證據。

心理學家進行了一系列的研究，目的是要測試無聊感是否能讓人更有創意（請參閱 Gasper & Middlewood）。他們是這麼想的：如果無聊感真的能激發我們尋找新活動、嘗試新體驗，那麼其中一個體現方式就是思考會更加開放、有創意。此研究類似上一個研究，研究員請受試者觀看不同影片，讓他們感受到不同情緒。這次的無聊影片則是電腦的螢幕保護程式，空白的螢幕會逐漸被五顏六色的管線填滿。

研究員使用字謎來測量創意力。受試者會拿到三個詞彙，並且想出跟這三個詞彙都有關連的第四個詞彙。舉例來說，其中一個題例為 SORE（痠痛）、SHOULDER（肩膀）與 SWEAT（汗水），你可以想出跟這三個字都有關連的字嗎？要解開這類的謎題需要發散式思考。如同第二章所說，這類的思考更為寬廣、多元，並非狹隘的集中思考模式。我們要發揮創意時便會使用此類的思考模式。順帶一提，SORE、SHOULDER 與 SWEAT 的字謎謎底是 COLD（冰冷）。

第二個測量創意力的作業如下，受試者會得知一項類別，如「交通工具」，以及一些例詞，如「汽車」、「駱駝」與「樹」。他們必須評量每個例詞有多符合該類別。「汽車」的分數便會相當高，因為汽車就是個交通工具的好例子。不過「駱駝」的分數便會高低參雜，因為駱駝並非交通工具，但是又可以拿來騎或拉推車，所以受試者可能會認為駱駝跟交通工具有點關係（總比「樹」和交通工具的關連性還高吧）。學界已證實，認同非典型的例子可以協助測量受試者的思維究竟多有創意。

感到無聊的受試者較能解出三詞字謎，而且也將「駱駝」一類關連性弱的例子評為高分。所以，此結果真能證實無聊感會增加創意度。其中一種解釋方法如下：無聊感會激發我們進一步與世界互動，因此讓我們的思想更為有彈性、更接近發散式思考，而非集中式思考。此結果支持了先前提到的哲學想法：無聊感的目的是要我們停下現在正在做的事情，去做些更有意義的活動。

密西根大學與德州大學阿爾帕索分校的心理學家進行了進一步的直接測

試，欲驗證相同的想法（請參閱 Larsen & Zarte）。他們的研究問題很簡單：無聊感會促使人們去做怎樣的事情？

那麼無聊，我們來看場恐怖電影

密西根大學與德州大學阿爾帕索分校的一些可憐學生，在毫不知情的狀況下報名當作研究受試者。他們抵達實驗室時，收到了一疊資料，裡頭是簡單的加減算數問題。看起來不算什麼，但是問題的數量竟然超過一千五百題。研究員請他們坐在桌邊，以穩定舒適的步調解決這些算數問題，持續時間一共三十五分鐘。

接著研究員欺騙這些受試者，告訴他們實驗室出了點問題，沒有時間進行接下來原定的兩個實驗。他們必須自行選擇要接受哪一項實驗。其中一個實驗需要填寫與日常生活相關的問卷，像是早餐或家鄉等等。另一個實驗則需要他們觀看非常負面、情緒化的影片，像是車禍受傷的後果等等。受試者會被告知影片目的是要激起他們的生理反應（如增加心率與呼吸率），離開前他們需要花幾分鐘冷靜下來。

當然，其實實驗室根本沒碰上什麼問題。三十五分鐘的算數過程是設計來讓受試者感到無聊用的，他們選擇的第二個實驗則是要看看無聊感是否真能讓人改變他們的行為舉止。此實驗的目的是要看看無聊感能否影響人們的選擇：進行類似的填問卷活動會讓無聊感持續下去，看影片能夠打破無聊感，但卻會帶來負面影響。無聊感是否會讓人偏好這種不討喜的活動呢？

答案是肯定的。雖然選擇看影片的人數較少（四十八位受試者中只有十一位）但是看影片和填問卷的人當中還是有差別的。選擇觀看悲傷影片的受試者較認為解數學題不有趣、簡單、單調，而且他們比選擇填問卷的受試者更不願意再次接受相同的實驗。此研究再次驗證了無聊感能改變我們行為舉止的想法。此案例當中，就算改變會帶來負面影響，受試者還是寧願選擇此活動。此結果偶然地解釋了恐怖電影的部分魅力。就連會激發恐懼和焦慮的負面刺激，也可以是打破日常生活重複無聊的良方。恐怖電影剛好正提供了這種逃避現實的刺激感。

無聊感真的能打開我們的視野，讓我們考慮一些從來沒考慮過的東西，甚至還能督促我們體驗可怕、有挑戰性的新事物。科學界找到了證據，證明浪費時間讓自己無聊能有些意外好處。但是我剛剛提到的研究當中有些很有趣的現象。有些人認為解算數題很無聊，有些人則不這麼認為。為何會有這種情形？這跟浪費時間的隱藏好處又有何關連？

為什麼不讓我耍笨？

各位父母們，來看看你們對於以下場景能不能感同身受吧。時間正是為期六週的暑假，你的孩子跑來跟你說：「我好無聊」。你覺得這個場景會發生在(a)五週後；(b)一週後；還是(c)暑假第一天？如果你認為答案是(a)或(b)，那我建議你去檢查一下自己究竟有沒有小孩吧。我太太告訴我，她媽媽以前會這麼說來反駁她：「只有無聊的人才會無聊。」我喜歡這句話，這句話適當地斥責了孩子，讓孩子知道自己應該學習如何自找娛樂。但是這句話背後卻沒有穩固的科學根據，暗示了無聊是低地位的象徵，更有能力的人都能擺脫無聊的狀態。但真是如此嗎？

麻州布蘭戴斯大學的精神病學家（請參閱 London et al）檢視了無聊傾向與智商（又稱 IQ）之間的關係。他們找來了受試者進行一項無聊無比的作業，而受試者剛好是從軍中抽選出來的。受試者必須持續重複寫「cd」這兩個字三十分鐘，而研究員請他們以輕鬆舒適的適中步調進行。此作業非常無聊繁瑣，與第二項作業相比（以雜誌照片為靈感寫下短篇故事），受試者認為第一項作業無聊許多。受試者也在前半個小時覺得較睏、較焦躁、較冷漠。

研究員同時也使用了「軍方基本分類測試」（Army General Classification Test），替受試者進行正式 IQ 測試（此 IQ 測驗是兩次世界大戰期間為軍用開發，目的是進一步將新進人員分配到適當的軍隊角色）。研究員想要比較受試者的智商及「cd」作業後的無聊程度，兩者的關係相當驚人。若受試者智商越高，便越會認為第一項作業越無聊。換句話說，受試者當中最聰明的人，體驗到了「cd」任務當中最高的無聊程度。

雖然此結果與「只有無聊的人會無聊」的想法並不互相抵觸，但是告訴無聊的孩子「只有聰明的人會無聊」並無法達到訓誡的效果。智商與無聊感有關連的發現，進一步支持了上述的想法：無聊感是一種信號，目的是讓我們停下目前的活動，去尋找更有意義的事物。為何會如此呢？你可能會認為，較聰明的人較容易精通某項活動，會比較不聰明的人更快覺得該活動缺乏挑戰。如果無聊感是缺乏挑戰的信號，那麼較聰明的人應該會較容易厭倦某項活動，而這正是上述研究的發現。此結果更進一步支持了本章的想法，感到無聊並非是在浪費時間，而是一種有用又有助益的狀態，能讓我們注意到自己並沒有在善加利用時間、以獲取最佳利益。

此結果一點也不具爭議性，從日常生活的口語表達「笨得無聊」（bored stupid）就可看出無聊與智商之間的關係。從前面幾頁開始，我便不斷地在提出科學證據，想證明無聊感其實是一個好東西。可是，如果無聊感是好東西、如果極端的無聊感受與愚蠢相關，那麼當笨蛋其實也是好事囉？大多人都認為浪費時間讓自己無聊到要笨是個不智之舉，但是如同我們先前看到的，小惡習其實也有很多意外好處，連要白癡其實也有優點呢。

讓科學證據為我的放空撐腰

《細胞學期刊》（The Journal of Cell Science）上曾經出版過一篇論文，微生物學家馬汀．舒瓦茲（Martin Schwartz）訴說他自己碰上多年前大學同窗好友的故事〔請參閱 Schwartz 〕。他認為她是他認識當中最聰明的人，而且他一直都很好奇為何兩人明明接受了一樣的學術訓練，她最後卻選擇進入法界，而非像他一樣成為科學家？而她的答案讓人相當吃驚：她之所以會轉行，是因為當科學家讓她覺得自己很笨。這個想法困擾了她好幾年，但覺得自己笨的想法還是每天都纏著她不放，於是最後她受夠了。她的話在舒瓦茲的腦袋裡面揮之不去，隔天他想通了：研究科學也讓他覺得自己很笨。

他在文章當中繼續解釋，與研讀科學、學習數代前人累積下來的發現相比，當科學家、自己做出科學發現根本是另一回事。學生做的實驗通常都有「正確的答案」，但是科學家卻得自己找問題問自己。有時候科學家連自己問的問題是否正確都不確定了，更別說確定答案是否正確了。他表示，愚蠢的感覺是因為人生的存在本質而起。我們並沒有所有的答案，所以必須面對自己的「絕對愚蠢」（absolute stupidity）。有些人認為這般無知解放了他們。對舒瓦茲來說，面對將近幾乎永無止盡的無知之路，他只能盡其可能地跋涉前進，並接受途中可能產生的錯誤。其他人則認為無知讓他們深感沮喪，對有些人來說，從學生成為科學家是太遙遠的一步，因為他們無法忍受天天覺得自己很笨。

除了舒瓦茲這篇描述科學無知的短篇論文、以及本章對於無聊感的描述之外，還有許多類似的平行概念。我提到無聊感是存在無可避免的體現，就像舒瓦茲表示「絕對愚蠢」是種存在的事實。我提到無聊感是呼籲人行動的信號，舒瓦茲則認為科學無知是主動從事科學發現的必要動力，兩者之間其實相當相似。雖然你可能會認為無聊和愚蠢這兩回事還是別扯上關係得好，但看來要讓自己有所進展，還是無可避免地需要擁抱、面對它們。

所以，從在母親花園休息的牛頓、到自我告白的「愚蠢」微生物學家，本章闡明了浪費時間也可以有其意外好處。做白日夢時可能會靈光乍現、不想打掃造成的環境可能會增加創意力、另外還有嚼口香糖和塗鴉等等，浪費時間感到無聊可能是人類唯一貨真價實的真實體驗，而且無聊感本身可以激發行動力，讓我們放下手邊的事情，轉而追求更有意義的活動。

事實上，閱讀完本章之後，你心中可能會產生一個更大的疑問。如果浪費時間是有生產力的行為，這代表有生產力是在浪費時間嗎？這疑問我就交給哲學家去思考了。不過我倒可以確定一件事情：你以後不需要因為人家說你浪費時間而生氣了。你現在可有了科學證據撐腰呢。

延伸閱讀

Allen, A. P. & Smith, A. P. (2011), 'A Review of the Evidence that Chewing Gum Affects Stress, Alertness and Cognition,' Journal of Behavioral and Neuroscience Research, Vol. 9 Issue 1 pp 7-23

Andrade, J. (2010),'What Does Doodling do?' Applied Cognitive Psychology,Vol. 24 Issue 1 pp 100–6

Baird, B., Smallwood, J., Mrazek, M. D., Kam, J.W.Y., Franklin, M. S. & Schooler, J.W. (2012),'Inspired by Distraction: Mind Wandering Facilitates Creative Incubation,' Psychological Science Vol. 23 No. 10 pp 1117–22

Gasper, K. & Middlewood, B. L. (2014), 'Approaching novel thoughts: Understanding why elation and boredom promote associative thought more than distress and relaxation,' Journal of Experimental Social Psychology,Vol. 52 pp 50–7

Gilliam, C. R. (2013), 'Existential boredom re-examined: Boredom as authenticity and life-affirmation,' Existential Analysis,Vol. 24 Issue 2 pp 250–62

Goldberg,Y. K., Eastwood, J. D., LaGuardia, J. & Danckert, J. (2011), 'Boredom: An Emotional Experience Distinct from Apathy, Anhedonia, or Depression,' Journal of Social & Clinical Psychology,Vol. 30 No. 6 pp 647–66

Harris, M. B. (2000),'Correlates and Characteristics of Boredom Proneness and Boredom,' Journal of Applied Social Psychology,Vol. 30 Issue 3 pp 576–98

Larsen, R. J. & Zarate, M. A. (1991), 'Extending reducer/augmenter theory into the emotion domain:The role of affect in regulating stimulation level,' Personality and Individual Differences,Vol. 12 Issue 7 pp 713–23

London, H., Schubert, D. S. P. & Washburn, D. (1972), 'Increase of autonomic arousal by boredom,' Journal of Abnormal Psychology,Vol. 80 Issue 1 pp 29–36

Memoirs of Sir Isaac Newton's Life en.wikisource.org/wiki/Memoirs_of_Sir_Isaac_Newton%27s_life/Life_of_

Newton

Merrifield, C. & Danckert, J. (2014), 'Characterizing the psychophysiological signature of boredom', Experimental Brain Research,Vol. 232 Issue 2 pp 481-91

Robinson, D. (2004), 'Marketing gum, making meanings: Wrigley in North America 1890–1930', Enterprise and Society, Vol. 5 Issue 1 pp 4-44

Scholey, A., Haskell, C., Robertson, B., Kennedy, D., Milne, A. & Wetherell, M. (2009), 'Chewing gum alleviates negative mood and reduces cortisol during acute laboratory psychological stress', Physiology & Behavior,Vol. 97 Issues 3-4 pp 304–12

Schwartz, M. A. (2008), 'The importance of stupidity in scientific research', Journal of Cell Science,Vol. 121 p 1771

Torney, L. K., Johnson, A. J. & Miles, C. (2009), 'Chewing gum and impasse-induced self-reported stress', Appetite,Vol. 53 Issue 3 pp 414–17

Vohs, K. D., Redden, J. P. & Rahinel, R. (2013), 'Physical Order Produces Healthy Choices, Generosity, and Conventionality, Whereas Disorder Produces Creativity', Psychological Science,Vol. 24 Issue 9 pp 1860-7

Case8
Die hard

置之死地而後生

二〇一二年三月，博爾頓漫遊者足球會（Bolton Wanderers）與托特納姆熱刺足球會（Tottenham Hotspur）的超級足球聯賽比賽中，中場球員法布萊斯・姆安巴（Fabrice Muamba）突然在球場上倒下。他的心臟病發，生命跡象完全停止了好一段時間，貌似已經死亡，但是他竟然又活了過來。事實上，他恢復得相當快，而且一個月之後就出院了。他驚人的康復速度是件好事，不過唯一的遺憾就是，雖然不久前他的比賽才被英國廣播公司選為「當日好球」，他卻在數個月後宣佈不得不退出職業足球圈。

姆安巴在訪問中談到了心臟病發的當下，並描述了他自己的印象。一開始他突然覺得身體不像自己的，感覺有股不真實的暈眩感。他記得在昏倒前看到的最後一幕，就是托特納姆的球員史考特・帕克（Scott Parker）突然變成了兩個人。有趣的是，他並不記得自己在心跳驟停、失去意識時，感到了劇烈的疼痛感。

我相信在世上所有的足球迷當中，不只有我對姆安巴與他的家人感到同情，接著藉此機會深入反思此事件。這般事情竟然發生在一位二十三歲的年輕運動選手身上，任誰都不敢相信。但是，除此之外，這件事還讓我思考了自己的生命，甚至讓我想到自己終將無法避免的死亡。我什麼時候會死？（希望是許多年之後！）狀況會是如何？（希望很安寧！）最後則是個最基本的問題：死亡究竟是什麼感覺？

死亡是身為人類最基本的議題之一。我們是世界上獨一無二，唯一具有具有認知能力的生物，很清楚自己總有一天會死亡。這代表我們過生活時已經和死亡妥協。我並不認識法布萊斯・姆安巴，所以我無法親自問他死亡的體驗感受。不過，身為一名心理學家，我可以進入廣大的心理研究資源庫，尋找相關研究，當中有些研究正是在調查姆安巴這種非常接近死亡的親身經歷。

有這類經驗的人大多不記得自己失去意識，只有少數人能清晰回想起自己的經歷。這些人記得自己瀕死時還保持記憶，而且經常有人表示感覺非常寧靜、自己彷彿在隧道裡前進、見到了死去的親朋好友、清晰快速地回顧人生的重大事件、有時甚至還有靈魂出竅的體驗：感覺很像自己飄出了肉身，向下低頭一看就看得到自己。在生死關頭的這些回憶一併被稱為「瀕死經驗」（near-death experience）〔請參閱 Groth-Marnat & Summers〕。

就是那道光

瀕死經驗最早的醫學記錄可回溯至一七四〇年，出自一名法國臨床醫師，皮耶—尚．孟蕭之手（Pierre-Jean du Monchaux）〔請參閱 Charlier 〕。一位巴黎藥劑師從義大利回來之後發了燒。在這段時期，醫生們認為不同的疾病是因為身體的「四體液」（humours）過剩或缺乏而造成的。所謂的「四體液」包括了血、黃色膽汁、黑色膽汁和痰。當年醫界認為發燒是因為血液過多，所以普遍認為放血（從身體中抽出定量血液）能夠解決問題，恢復健康。

放了一回血之後，該名藥劑師據說產生了暈厥（syncope）的狀況，也就是昏倒了。他失去意識的時間長到讓照顧他的醫務助理相當擔心。最後藥劑師恢復意識後，孟蕭記錄下了他與死亡擦身過的驚人回憶。他回報：「失去了所有外在知覺後，他（藥劑師）看到一道純淨的強光，讓他以為自己到了天堂……他這輩子從沒有過更棒的片刻。」

這番言論清楚表明了瀕死經驗是能夠撼動人心的體驗。在十八世紀，有能力能去國外旅行代表該名藥劑師肯定相當富裕，不過他的瀕死經驗顯然勝過了其他財富帶來的愉悅，為他提供了這輩子最棒的片刻。如果死亡就是這種感覺，那還真是讓人安心不少。如果死亡真的是愉悅的，那麼大家就不會那麼害怕死亡，甚至還有可能在特定情況下擁抱死亡。

但是，瀕死經驗是個棘手的科學主題，因為當中隱約包含了一股天外之力，甚至還可能牽扯上宗教。通常科學和宗教兩者相互衝突（舉例來說，看看雙方是如何解釋人類起源就知道了）。身為科學家，我相當懷疑瀕死經驗是否真如眾人所說，但我的好奇心也讓我想更進一步瞭解詳情。藥劑師的經歷只是一個人的故事，學界將此稱為個案研究，而個案研究距離「優質科學」可有很長一段距離。最大的問題在於，這個故事並沒有經過證實，只是一個人的片面說詞。如果那名藥劑師只是在做夢呢？接下來是一則研究文獻中，較有說服力的瀕死經驗說詞，而且這次病人的經歷經過了證實。

你把我的牙齒放去哪裡

荷蘭一間醫院正值夜班，一名值勤的護士與其他數名醫療人員正在照顧一位被人發現昏迷不起的四十四歲男性。〔見 van Lommel et al〕。這名男人面色轉青，工作人員迅速決定幫他插管。護士開始把氣管插進病人的嘴裡時，她發現病人嘴裡裝了假牙。假牙可能會在醫療程序進行時鬆脫造成問題，於是她打開病人的嘴巴，先把假牙拿下，再繼續幫他插管。療程看似很成功，雖然病人仍在昏迷、且無法自主呼吸，但一小時半後病人的心率與血壓已經慢慢恢復正常。病人被轉送至加護病房，護士則繼續值班。

一週後，病人回到心臟內科病房時，護士碰到了他。病人一看到護士便說：「啊，那名護士知道我的假牙在哪裡。」護士大吃了一驚，因為她移除假牙時病人還在昏迷。但他繼續說：「沒錯，我被送進醫院時你就在場，你把我的假牙拿出嘴巴、放在推車上，推車上有很多瓶子，下面還有個抽屜，你就把我的牙齒放在抽屜裡。」護士嚇了一跳，她的確把牙齒放在推車的抽屜裡，不過一個失去意識的病人怎麼會記得這麼多細節？

該名病人繼續描述當時的小房間，以及在場所有員工的外貌。他回憶起一種靈魂出竅的感受，低頭看著護士和醫生匆忙的樣子。他很擔心醫護人員會放棄搶救他，而且他還記得自己急著想告訴醫護人員他還活著，希望他們能繼續搶救，但卻徒勞無功。護士證實了這點，她記得病人被送進醫院時狀況不佳，醫護人員的確認為他生還的機會相當渺茫。

上述的瀕死經驗描述有說服力多了，因為醫護人員幫忙證實了他的故事。不過，說到頭這還是個以一人說詞建立的個案研究，有心人士還是可以使用許多花招與手段騙過其他旁觀者。若想要增加說服力，那就來看看包含一人以上瀕死經驗敍述的研究吧。

鬼門關前走了一遭

最早以系統分析瀕死經驗的研究，是一九七〇年代末，密西根與維吉尼亞大學的精神病學家所進行的（請參閱 Greyson & Stevenson）。這些精神病學家使用通信或親自採訪的方式，訪問了相信自己曾經一腳踏進鬼門關、有過深刻瀕死經驗的民眾。觸發事件包括了醫療疾病、外傷、手術、以及少數幾起生產經驗。

超過一半的受訪者有著正面的瀕死經驗，許多人看到了著名的人生跑馬燈，又稱為「生命回顧」（life review），過去的事件一股腦地全出現在自己眼前。時間觀感扭曲的情形很常見，不過有些受訪者感覺時間慢了下來，有些則表示時間突然加速。受訪者記得當下有奇特的感受，像是在人的周圍看到光與暈圈、聽到聲響或音樂、還有溫暖或疼痛消去的感覺。數名受訪者感受到了身邊出現不可能在場的人，其中包括好幾年前就死去的親友。除此之外，還有穿越通道或進入世外領域的感受。

許多受訪者回憶瀕死經驗時，很常提到的一項要素就是靈魂出竅的經驗。我稍早提過，靈魂出竅是一種主觀的感受，感覺就像自己離開了身體，從上面或其他角度來看自己的肉身。研究員收集了一些相當精采又鉅細靡遺的出竅經驗描述。首先，幾乎所有受訪者都表示離開肉身是一件相當輕鬆的事，而且最後回到肉身的過程也一點也不辛苦，還被說是簡單又迅速。許多人表示，他們離開肉身時棲宿的非物質身體比較輕，但是大小相同。有時這些非物質身體甚至沒有他們肉身有的醫療病痛，像是耳聾或四肢不齊全。幾乎所有人都感覺到自己向上移動，不過距離自己的肉身只有數碼的距離。

此研究比先前的藥劑師與假牙男性個案來的令人信服，因為此研究當中的數名受訪者都有相同的體驗，說詞並非獨立不相干。雖然此研究較有說服力，不過就科學界來說還是算較空洞；舉例來說，此研究還是相當主觀。此研究的受試者看到了徵人啟示，於是站出了說了自己的故事。不論立意再良好，此類的研究還是有其風險，站出來表態的人有可能虛構故事、或是因為某種原因想引起他人注意。除此之外，此類研究無法讓我們得知瀕死經驗究竟有多常見（換句話說，如果你與死神擦身而過，有多少機會能體驗到瀕死經驗），因為我們無法預估有多少人與死神擦肩而過，但卻什麼都不記得。除了這些批評以外，此研究受訪者的瀕死經驗都已經是很久以前的事（平均三十年前），最久還到六十年前。就我們對人類記憶力的瞭解，這些敍述很可能不太可靠。一直到近期，才出現了更為「科學」、更客觀的方式來研究瀕死經驗。

你怎麼看得到紙版背面的字？

千禧年之際的一項研究，替人的存在與瀕死經驗提供了更為客觀、可靠的觀點。英國南部南安普敦綜合醫院的山姆・帕尼亞（Sam Parnia）與同事，於一年間訪問了醫院裡所有心臟病發後搶救成功的病人（請參閱 Parnia et al(2001)）。急救病人時都必須使用醫院裡的緊急電話系統，電話接線生都會記下急救紀錄，此研究便因此輕鬆取得了此類病人的資料。這群受試者能構成非常理想的研究基礎，因為要宣佈死亡一共有三個準則，心跳停止（cardiac arrest）便符合了其中兩項：缺乏心輸出（沒有心跳）、缺乏呼吸運作（沒有呼吸）。事實上，許多病人同時還呈現了第三項瞳孔放大的準則。

研究分成三部分。第一部分中，每位病人僅需回答是否有心臟病發後、失去意識時的回憶，若有則需盡可能詳細回述。長達十二個月的研究當中，一共有六十三位病人急救成功，當中有七個人能回想起自己失去意識時的思緒。四名南安普敦的病人記得自己走到了不可回頭的邊界，感到平和、滿足與喜悅，感官變得敏銳，同時時間還跟著加速。這些病人被歸為真正瀕死經驗的類別，因為他們的經驗與先前研究的典型回憶相當類似。另外兩位病人則記得一些瀕死經驗常見的細節，但卻不足以歸近第一個群組。最後一位病人的經歷則回想起有人跳下山丘，為較不尋常的瀕死經驗。

研究的第二部分欲探討的是，心臟停止時的身體生理狀態，是否會影響病人是否記得無意識時的思緒。研究員獲得許可，取得病人的醫療紀錄，當中包含了急救時的血氧濃度、鈉與鉀的濃度。為了找出這些指數對病人有何影響，研究員比較了有真正瀕死經驗的四名病人及研究中其他五十九名病人。兩組受試者之間只有一項非常突出的差異：瀕死經驗的病人血氧濃度較高。

這項差異非常有意思，因為當時瀕死經驗的其中一項主要科學理論，即表示感官知覺變敏銳與時間感加速是因為大腦缺氧。當時科學界以為這些這些現象之所以會發生，是因為大腦沒有足夠的氧氣。可是，南安普敦的研究卻有完全相反的結果，在失去意識的情況下，大腦要有充足的氧氣才會引起清晰的瀕死經驗。這個現象背後也有其邏輯，因為大腦氧合能力提升，會改善病患急救時的認知功能，因此解釋了這些病人為何有較清晰的體驗、為何能夠將此體驗納入記憶中。

此研究的第三部分用了簡單但相當巧妙的方法來衡量靈魂出竅經驗。研究員在醫院的所有病房當中都懸掛了特別製作的板子。這些板子的背面有文字與數字，只有從接近天花板的上方視角才看得到。因此，若參與者回報有靈魂出竅的體驗，研究員則會請他們描述在板子背後看到了什麼。這個辦法相當公平客觀，能夠測試靈魂出竅的經驗是真實存在、還是想像出來的。

在醫院裡所有病房的天花板上吊紙板是項浩大工程，但是此研究方法則是科學精華的完美體現：使用具有邏輯的測試收集證據，得知先前不清楚的世界原理。科學不是只要穿上白色大衣、拿些高科技設備和寫些難懂的方程式就好。使用低科技的塗漆木板、收集靈魂出竅經驗的證據，是個相當簡單又聰明的方式。這是展現科學調查核心目的的絕佳例子：進行公平公正的測試，檢驗欲調查的現象。

不幸地，雖然大費周章安裝了這些紙板，失去意識時仍有記憶的七位病人皆表示不記得自己飛上上空看自己的肉身。因此，很可惜地，這項簡單但精巧的研究技巧並無派上用場。不過，這些研究員可沒有就此收手。同一批科學家又找來了另外幾位同事參與，並於二〇一四年發表了相同研究的新版本（請參閱 Parnia et al (2014)」。

這次的研究大有改良、研究範圍也大幅擴展，包括了三個國家（英國、美國、澳洲）的十五間醫院。同樣地，研究員找上了醫院中心跳停止（定義為心跳與呼吸中止）後搶救成功的所有病人做為實驗受訪者。這次的研究同樣也在較可能發生搶救的區域，如急診區與加護病房等區域，裝上天花板高的紙板，背面也畫上了只能從天花板高處看到的圖案。若有任何搶救成功、表示有靈魂出竅體驗的病人，能夠回憶起紙板後面的圖案，則能客觀證實此奇特現象為真。

我並不常滿懷期待地閱讀科學報告，但是此份報告卻讓我有了這種感覺。我好幾年前就在網誌上寫過南安普敦的研究（http://psychologyrich.blogspot.co.uk/2012/09/what-does-it-feel-like-to-die.html），因此我非常期待看到科學界這次能否成功「捕捉」這個短暫的靈魂出竅經驗。

首先先來介紹點細節：在研究進行的醫院當中，一共發生了二千零六十次急救，其中百分之十六急救成功。急救的成功率大約就是這個數字，別忘了，需要急救代表病人已經病得相當嚴重；雖然醫學已經相當進步，但急救仍是最後的手段，大多人的活不下來。許多成功急救回來的病人無法接受訪問，不是因為他們病得太嚴重，就是他們出院後並無回信。很不幸地，有些病患急救成功不久後就過世了。在所有受訪的病人當中，有百分之九的受訪者的體驗符合一般對瀕死經驗的定義。不過，這次和十年前的研究不同，有兩位受訪者清楚記得有靈魂出竅的經驗。

其中一位病人記得房間角落有個女人向他招手。他心想「我不能上去」，但他覺得那女人好像認識他，而且他可以信任她。下一秒，他就飄到了上空，往下一看就能看到他自己和醫護人員。他的回憶非常清楚，他還記得聽到有人說「電擊病人、電擊病人」，他看到一名護士和身著藍色手術服的「虎背熊腰」光頭男子。這般感受在剎那間突然結束，接下來他記得自己在床上醒了過來，護士跟他說他失去了意識。另一名急救成功病患的回憶較不完整。他記得自己「在天花板上往下看」，而且看到一名護士在壓他的胸，一名醫生則在「把什麼東西塞進他的喉嚨」。但是關鍵問題來了：這兩位病人能否回憶起紙板上的圖案呢？

不好意思，又要讓你失望了。此次研究當中包含了許多間醫院，要在所有病房上都裝上紙板實在太不切實際。這些醫院只有在急救較可能發生的地方裝了紙板，例如急診區和加護病房。不幸地，兩位有靈魂出竅回憶的病人都是在無法裝置紙板的地方接受急救。研究小組這次更接近答案了，史上甚至沒有人像他們一樣這麼接近答案，但是他們還是錯過了驗證靈魂出竅經驗的機會。

不過，這就是科學。世界上的其他行業也一樣，大多時候都沒有童話故事般的完美結局。可是研究員在後續的深入訪問中，的確證實了第一名病人故事當中的部分元素（第二名病人後來病情加重，無法再次接受訪問）。第一名病人對急救當下醫護人員、聲音與活動的描述，尤其是自動體外心臟去顫器（automated external defibrillator）的使用，都符合他的醫療紀錄。但是，若真有病患能回想起紙板背面的符號與數字，那才是最有力的證據。

由於沒有夠確實的證據能證明瀕死與靈魂出竅體驗，學者對於這些現象的起因仍爭辯不休。學界沒人瞭解這種清晰又神秘的現象，目前則有兩派主要觀點互相對立。

我瞬間看到了人生跑馬燈

瀕死經驗通常會感受到有條通道、強光、死去的親友、人生跑馬燈，有時還有靈魂出竅，兩派當中的一派〔請參閱 Facco & Agrillo〕表示，這是死後世界的驚鴻一瞥。這一派的人認為瀕死經驗是超自然現象，換句話說，傳統科學無法解釋這種現象。反對此副科學觀點的則是一般的科學家，他們相信瀕死經驗絕對可以從嚴重生理創傷造成精神衝擊的角度來解釋。

倫敦大學金匠學院的心理學教授克里斯・法藍奇（Chris French）為瀕死經驗提供了數種科學解釋〔請參閱 French〕。舉例來說，強光、通道幻覺、靈魂出竅與欣快的感受，都曾經在其他科學文獻中出現。若大腦的血流速度無法應付飛機加速度，那麼戰鬥機駕駛員便會於高速行進時暈倒（稱為加速引起的失去意識，簡稱 G-LOC），陷入 G-LOC 的戰鬥機駕駛員曾經回報在失去意識時有相同的回憶。G-LOC 與急救過程都包括大腦氧氣濃度降低的情形，而且兩者都可以引起相似的奇怪經驗。

瀕死經驗的其他層面在科學家眼裡，則是與特定生理事件相關。心跳與呼吸停止的創傷會造成腦部癲癇發作，而紀錄上曾有癲癇病患表示自己在發作時體驗到了靈魂出竅的感覺。另外，有時在開顱手術之前，會採用一種醫療手續，使用輕微電流刺激清醒病患的不同大腦區域，以辨識要動手術的正確區域。曾有病人回報看到「人生跑馬燈」（人生中的重要片刻迅速同時出現在眼前），似乎是由直接電流刺激所造成的。除此之外，瀕死經驗一般之所以會給人正面感受，可能是因為在生死關頭大腦釋放了腦內啡的關係。腦內啡是自然產生的類鴉片，能提供類似海洛因的「亢奮」感受。

超自然派的支持者則指出，急救病患可以回溯自己失去意識時的經驗細節，先前提到的假牙事件即為一例。不過，也有可能是患者在急救中數度醒了過來，因此能夠回憶起當下發生的事情。瀕死經驗有可能並非在完全失去意識時發生的，而是在即將失去意識或即將清醒時發生的。

靈魂出竅的經驗是非常可信的幻覺，則可以從這個角度來進行解釋。瑞典卡羅琳學院臨床腦神經部的一位腦神經學家進行了一項驚奇萬分的研究，在健康受試者的身上誘發出靈魂出竅的體驗（請參閱 Ehrsson ）。他可以讓受試者感覺自己飄出肉身外，坐在肉身後方的座位，看著自己的身體。

這個幻術結合了高科技3D攝影機以及低科技的掃把。受試者戴著虛擬擬真頭戴式顯示器，坐在椅子上。受試者背後的座位上放了架3D攝影機，位置差不多是坐下時的視角高度，影像則即時傳送到頭戴式顯示器。這代表雖然受試者坐在一張椅子上，但是他們可以從後面椅子上的視角看到自己的背影。坐好之後，研究員會使用掃把的握把那頭輕戳受試者胸口。研究員特別小心，不讓受試者透過攝影機或眼睛看到他們的動作，因為他們的身體會遮住掃把，同時頭戴式顯示器也會遮住他們眼前的所有東西。同時，研究員將第二支掃把的握把往3D攝影機正下方戳，讓受試者在顯示器中看到自己被掃把戳（但其實是掃把戳的是虛擬人身）。

這情形肯定會讓受試者搞不清楚狀況。從視覺上看來，他們坐在自己肉身的正後方，第二支掃把戳向攝影機（其實是虛擬肉身）時，他們的胸口真的會感受到被戳的觸覺（因為第一支掃把在鏡頭外戳他們的胸口）。這些感受全都會讓他們相信自己靈魂出竅，正在從後方觀看自己的肉身。

接下來研究進入看似不太道德的第二階段，研究員假裝使用鐵鎚攻擊虛擬肉身。事實上，研究員是朝著3D攝影機的下方揮舞鐵鎚，讓受試者感覺鐵鎚是瞄準著「靈魂出竅」的自己。不過，他們先前已經被掃把戳過、進入了幻覺狀態，因此受試者對著鐵鎚的攻擊展現出真正的害怕反應，也就是膚電活動增加（身體的壓力反應，於第三章中解釋過）。此研究顯示，人的確可能產生靈魂出竅離開肉身的感覺，而且還用實際實驗證明了這點，不過此研究並無解釋為何瀕死經驗會有靈魂出竅的感受。

瀕死經驗的其中一個面向，據稱既能支持超自然派、又能支持科學派的論點。另一方面，超自然派的支持者表示，只有少數成功急救的病患會有瀕死經驗，代表根本不可能用科學來解釋此現象。他們表示，如果瀕死經驗是因為生理與心理因素造成，那麼有此經驗的人數應該會更高。不過，傳統科學派的支持者卻持相反論點。克里斯・法藍奇提出了有力論點，表示每個人的身體皆不同，大腦氧氣濃度降低可能會對不同人造成不同影響（戰鬥機飛行員的G-LOC研究中便證明了這點）。個人反應不同，再加上每次急救的大腦氧氣濃度也都有所差異，因此結果不同好像也沒那麼讓人吃驚，所以才會有些人有瀕死經驗，有些人沒有。

不過，兩派的支持者都認為，目前史上還沒有使用傳統科學原則記錄下來的完整瀕死經驗資料。克里斯・法藍奇表示，如果靈魂出竅真的被證實，如果真能證明有人的意識離開身體、飄往天花板，那麼現代腦神經科學預設意識完全仰賴大腦實體的核心觀就會完全被推翻。那些吊在天花板上的紙板可承擔了許多人的信念哪。

不過，不管瀕死經驗究竟是否為「真實」的現象，對於百分之十到十五急救成功的病患來說，瀕死經驗可是相當震撼、能改變人生的體驗。事實上，荷蘭安恆萊恩斯坦醫院的一位心臟學家帶領了一組研究員，進行研究探討此一問題：瀕死經驗長期會對人帶來什麼影響（請參閱 van Lommel et al ）。

瀕死經驗讓人重新看待生命

我先前提到有兩個研究找來十間荷蘭醫院急救成功的患者，分享他們「死亡」時的經驗（但是沒有懸掛的紙板或任何可比較的東西），此研究也相當類似。他們找來三百四十四名急救成功的病人，當中有六十二名病人在他們貌似失去生命跡象時有記憶，其中又有四十一位病人有典型的瀕死經驗，包括感受到正面情緒、感覺自己走過通道、看到人生跑馬燈、或是見到已經死去的親友。

兩年後，研究員再次追蹤了這些病人的去向，不管有無瀕死經驗，研究員都再次與他們聯繫。有趣的是，有瀕死經驗的病人似乎因此而有所改變。他們比沒有瀕死經驗的病人更不懼怕死亡，而且還更可能相信世上有死後世界。他們更想探索人生的意義，而且對於他人也展現了更多的愛與包容。科學研究通常都在短時間內進行，但此研究於第一次研究期間八年後，第三次聯絡了這些病人。此時，與生死交關時刻失去意識、沒有記憶的病人相比，有瀕死經驗的病人還是對於死亡灑脫許多。

這些長期效果相當的了不起，畢竟瀕死經驗的持續時間只有數分鐘。看來不管瀕死經驗是否「真實」，它的確能夠對人造成影響，催促他們重新評估自己的生活與態度。但是這結果讓我一點也不意外。我在本章一開始便說過，對於死亡的恐懼大多來自其未知的本質。如果你有了瀕死經驗，而且大多數的瀕死經驗還是非常正面的感受，那麼對於死亡的態度有所改變也不是什麼意外的事。我從此當中看到了心理學改變基礎態度的力量。不管瀕死經驗是真的還是想像出來的，它都能造成深遠的影響。

瀕死經驗的研究表示，死亡的片刻說不定真的是個愉悅的體驗，讓我寬心不少。以本書的說法來看，死亡的意外好處就是它說不定根本沒我們想得那麼糟糕。

科學還提供了另一個好理由，能夠證實死亡比我們想像得還要正面。先想像一下，你過去的一年相當忙碌，在工作與家庭生活夾擊之下，你的生活一團亂。你根本不記得上次放假是什麼時候，而且你非常期待下星期已經安排好幾個月的外國假期，想像這幅畫面：眼前是一片沙灘和寧靜的藍色海洋，你的家人正在放鬆身心，享受好天氣。你躺在柔軟的海灘巾上，喝了一口冰涼涼的飲料，滿足地嘆了一口氣……

通常我們想的都不準

當然了，我剛剛所說的白日夢好到不可能成真。沒錯，一週後就可以跟家人在海灘上度假，但是要到那一步的過程簡直像準備作戰一樣，一點也不輕鬆愜意。要打包行李、收好必備物品、安撫孩子。抵達海灘後，你才發現忘記帶防曬乳，還得走十五分鐘的路回去度假公寓（而且度假公寓的位置還比你想得更繁忙、更都會）。回到海灘上、剛坐下不久後，你的女兒便開始吵著要你帶她去買漁網。倒楣的事還不只這樣，你向店家買了可樂，卻發現店家冰箱壞掉了，可樂一點也不冰。你喝了一口溫溫的糖水，最後才心不甘情不願地準備去購物。這個假期跟你想的一點也不一樣。

好吧，我是誇大其詞了一些，但是這故事點出了人算有時不如天算的道理。說「有時」還不如說「經常」，因為理想與現實的落差相當常見。事實上，我們人類相當不會預測未來事件會帶給我們的感受。心理學家將之稱為「情感性預測」（affective forecasting），而先前已經有許多研究揭露了我們預測的未來與現實差距有多大。

美國羅徹斯特大學的一位心理學家帶領研究小組，比較人們預測未來事件所帶給他們的反應、以及實際感受之間的差距〔請參閱 Hoerger 〕。此研究使用了會激起情緒的圖片作為研究中心。首先，有些學生受試者讀出圖片的文字敘述，例如：「一棵棕櫚樹朝著海洋彼方的夕陽傾斜」以及「警官舉起警棍，準備攻擊地上的流浪漢」。首先受試者必須預測自己實際看到圖片時會有何感受，在不愉快到愉快之間數項級別進行評比。幾週後研究員把圖片給受試者看，這次則要他們評比自己實際看到每張圖片的感受。

但是受試者預期看到圖片的感受與實際感受相當不同，而且這些差異也各異其趣。有時受試者實際看到圖片時會覺得「較為愉快」（約百分之五十一的預測當中有此情形），但是有時則會覺得「較不愉快」（約百分之四十九的預測當中有此情形）。此結果證實了我們的確很不擅長未來情境的情感。用這種方式來研究此現象的確會讓有些人覺得不太公平。文字敍述留了許多想像空間，受試者看到實際的圖片時，不免會覺得差距甚大。使用現實世界的例子來進行此研究會是較好的辦法，而的確也曾有學者進行過這般實驗。

維吉尼亞大學的心理學家帶領團隊（請參閱 Wilson et al ），調查美式足球的球迷預期自己在一場重要的大學聯賽後會有何感受。比賽的雙方隊伍來自維吉尼亞大學與北卡羅來納大學教堂山分校。在此向非美國人的讀者解釋，大學美式足球可是美國大學運動圈的盛事。舉例來說，目前維吉尼亞大學的隊伍，維吉尼亞騎士隊（Virginia Cavaliers），是在大學校園內可容納六萬一千五百人的史考特運動場（Scott Stadium）進行比賽。你可能認為這般規模已經算大了，但其實這只是全美大學足球場裡排行第二十七大的規模而已呢。

研究員找來一群同為美式足球迷的學生，並在比賽兩個月前問他們賽後會有何感受。他們必須預估如果騎士隊輸或贏，自己分別會有多開心。不出意料，球迷一致認為如果球隊贏了他們會比較開心，而且騎士隊正好贏得了這場比賽。不過，他們比賽隔天感受到的快樂程度，卻比先前自己預估的快樂程度要來得低上許多。此項研究再次闡明，我們有多不擅長預估未來事件會引起的感受。我認為這項現實世界的研究比看圖片描述有說服力多了，但是觀看運動比賽仍算是相當被動的活動。是否曾有研究調查過事件實際參與者的感受呢？

維吉尼亞大學的另一組研究員（請參閱Dunn et al）欲探討生活當中更基本的活動例子。結果，他們就在自己身旁找到了一個相當適合研究的完美情境。維吉尼亞大學一年級結束之前，學生後三年住宿的地點會進行隨機分配。大學裡總共有十二間宿舍，除了不同的外觀之外，不同的宿舍也以不同特質聞名，例如運動表現特佳、派對特別有趣、或者接納度高等等，這代表不同學生想進入的宿舍肯定也不同。學生之間有個傳統，他們會熬夜等待宿舍分配的結果。宣布之後，可以看到學生依據結果不同而狂歡慶祝、或是沮喪失望。從此現象當中可看出，宿舍分配對維吉尼亞大學的學生來說是件大事，也是個直接影響眾人未來的絕佳事件例子。

研究員在分配宿舍不久之前，請學生評估自己在新宿舍安頓之後會有多開心。學生必須分別估計出在十二間宿舍住過後的快樂程度。一年後，研究員再次聯絡學生，並請他們評比自己實際的開心程度。雖然此事件對於參與者的影響程度較大，但是研究結果還是與圖片和美式足球研究差異不大。學生自認這些人生事件相當重要，但是他們總是會高估這些事件對他們未來開心程度的影響。雖然部分受試學生被分配到不喜歡的宿舍，但是他們卻比自己一年級時估計的結果還開心（也就是他們二年級的「實際」開心指數比一年級給的宿舍分數還高）。另一方面，被分配到自己喜歡宿舍的學生，二年級時反而不如自己想得這麼開心。事實上，不管學生是否被分到自己偏好的宿舍，他們的實際開心程度根本沒有差異。

我們可以從這些學生身上看出一個道理，那就是人們並不善於預測自己對於未來事件的情緒反應。但是這道理要怎麼延伸到死亡上呢？要回答這問題，我們就得先理解為什麼我們這麼不會預測自己的情緒。澳洲新南威爾斯大學的心理學家曾經撰文探討為何我們這麼不擅於「情緒時光旅行、精神穿越時光」〔請參閱 Dunn & Laham〕。其中一個問題即為，未來事件實際發生時，該事件的心理情景會跟評估未來事件時的心理情景有著根本上的不同。我們很難想像死亡可以讓我們擺脫痛楚，但如果真為如此，那麼死亡的那一刻可能會比我們預測的還要來得吸引人。同樣的道理也適用於內心因素，例如痛楚、心情與壓力等等，日常過著平庸生活時思索死亡是一回事，但是死亡前一刻的內心情景肯定完全不同。

另一個難以預估未來情感反應的理由，則是因為我們的思緒當中有種稱為「聚焦」（focalism）的偏見。我先前提到的度假情境即為一例。我們可能會將焦點集中於度假的其中一項層面，也就是在海灘上逍遙，反而忘記了帶小孩責任所伴隨的壓力。另外，我們舉例時傾向只想到一個相關例子，也與此偏見相關。通常我們所舉的例子都是非常特殊的案例，像是「史上最棒的聖誕節」，而非其他普通又平淡無聊的聖誕假期。就死亡來說，這種偏見容易讓我們想像極端痛苦的誇張死亡，像是出車禍等等，而非在親朋好友的圍繞之下在睡夢中過世。影響人們準確預測未來感受的重大因素，就是我們對於目標事件有多熟悉。我們非常熟悉的事情（像是早上喝杯茶）很容易便能準確預測。但是死亡是親身體驗才會熟悉的事件，這代表我們幾乎不可能準確預測死亡的經驗。

不過，本章當中所提到的研究讓我們對死亡有了進一步的瞭解。新威爾斯大學的心理學家建議，若想增強預測未來情緒的能力，我們可以強調容易被忽略的事件重要特色。本章第一部分提到的瀕死經驗研究其實就算是達到了這項目標，這項研究並非聚焦於死亡本身，而是集中討論死亡前的片刻，而且研究結果還發現大多人都認為這些片刻帶來了愉悅感。

請安心上路

一般人通常認為死亡不是什麼好事，但是本章探討了此人間苦惱是否有意外好處。令人驚奇的是，心跳停止似乎不會帶來創傷：心跳停止當下有記憶的病人當中，只有少數回報感覺不快或痛苦。事實上，病人的回憶似乎較為滿足、安寧，還有種感官知覺變敏銳的愉悅感。這些結果與法布萊斯．姆安巴的經驗相同，他表示自己在球場上心跳停止時，完全沒有感受到痛楚，只有種奇怪、難以言喻的感受。

所以，死亡究竟是什麼感覺？由於人類相當不擅於預測未來事件所帶來的感受，這個問題似乎變得相當重要。就此證據看來，心跳停止的死亡似乎什麼感覺都沒有，或是會帶來種愉悅、又有點神秘的感受。急救復甦病患大多表示，心跳停止並不痛苦。我們不知道其他死因是否也是如此，但是至少這些經驗讓我們安心了些。我們並不一定需要懼怕死亡，這個想法能讓人心安。此研究讓我們能夠稍微揭開死亡的面紗，讓我們活在世上的擔憂又少了一些。

延伸閱讀

Charlier, P. (2014), 'Oldest medical description of a near death experience (NDE), France, 18th century', Resuscitation,Vol. 85 Issue 9 e155

Dunn,E.W.& Laham,S.A.(2006),'A user's guide to emotional time travel: Progress on key issues in affective forecasting' In: Forgas, Joseph P. (ed.), Hearts and minds:Affective influences on social cognition and behavior, Frontiers of Social Psychology Series (Psychology Press, New York, 2006)

Dunn,E.W.,Wilson,T.D.& Gilbert,D.T.(2003),'Location, Location, Location:The Misprediction of Satisfaction in Housing Lotteries', Personality and Social Psychology Bulletin,Vol. 29 No. 11 pp 1421–32

Ehrsson, H. H. (2007),'The Experimental Induction of Out-of-Body Experiences', Science,Vol. 317 No. 5841 p 1048

Facco, E. & Agrillo, C. (2012), 'Near-death experiences between science and prejudice', Frontiers in Human Neuroscience, Vol. 6 Art No. 209

French, C. C. (2009),'Near-death experiences and the brain' In: Murray, Craig D. (ed.) Psychological scientific perspectives on out-of-body and near-death experiences, Book Series: Psychology Research Progress, pp 187–203 (Nova Science, New York, 2009)

Groth-Marnat, G. & Summers, R. (1998), 'Altered beliefs, attitudes and behaviors following near-death experiences', Journal of Humanistic Psychology,Vol. 38 No. 3 pp 110–125

Greyson, B. & Stevenson, I. (1980), 'The phenomenology of near death experiences', Am J Psychiatry,Vol. 137 Issue 10 pp 1193-6

Hoerger, M., Chapman, B. P., Epstein, R. M. & Duberstein, P. R. (2012), 'Emotional intelligence: A theoretical framework for individual differences in affective forecasting,' Emotion,Vol. 12 Issue 4 pp 716–25

Parnia, S.,Waller, D. G.,Yeates, R. & Fenwick, P. (2001),'A qualitative and quantitative study of the incidence, features and aetiology of near death experiences in cardiac arrest survivors,' Resuscitation,Vol. 48 pp 149–56

Parnia, S., Spearpoint, K., de Vos, G., Fenwick, P., Goldberg, D.,Yang, J. et al (2014), 'AWARE–AWAreness during REsuscitation–A prospective study,' Resuscitation,Vol. 85 Issue 12 pp 1799–1805

van Lommel, P., van Wees, R., Meyers, V. & Elfferich, I. (2001),'Near-death experience in survivors of cardiac arrest: a prospective study in the Netherlands,' The Lancet,Vol. 358 No. 9298 pp 2039–45

Wilson, T. D., Wheatley, T., Meyers, J. M., Gilbert, D. T. & Axsom, D. (2000), 'Focalism: A source of durability bias in affective forecasting,' Journal of Personality and Social Psychology, Vol. 78 Issue 5 pp 821–36

其他資源

http://www.theguardian.com/football/2012/apr/22/fabrice- muamba-two-scott-parkers

科學人文系列055

壞習慣的正面力量?——科學認證!壞習慣其實好處多多

作　者—理查．史提芬斯
譯　者—徐　昊
主　編—林芳如
責任編輯—劉　璞
執行企劃—林倩聿
美術設計—亦　白
內頁排版—黃庭祥
董事長
總經理—趙政岷
出版者—時報文化出版企業股份有限公司
10803臺北市和平西路三段二四〇號七樓
發行專線—(〇二)二三〇六—六八四二
讀者服務專線—〇八〇〇—二三一—七〇五
(〇二)二三〇四—七一〇三
讀者服務傳真—(〇二)二三〇四—六八五八
郵撥—一九三四四七二四時報文化出版公司
信箱—臺北郵政七九~九九信箱
時報悅讀網—www.readingtimes.com.tw
電子郵件信箱—ctliving@readingtimes.com.tw
法律顧問—理律法律事務所　陳長文律師、李念祖律師
印　刷—勁達印刷有限公司
初版一刷—二〇一五年十二月十八日
定　價—新臺幣三三〇元
⊙行政院新聞局局版北市業字第八〇號

國家圖書館出版品預行編目(CIP)資料

壞習慣的正面力量?:科學認證!壞習慣其實好處多多 / 理查.史提芬斯(Richard Stephens)著;徐昊譯. -- 初版. -- 臺北市:時報文化, 2015.12
面;　公分. -- (科學人文;55)

譯自:Black Sheep : the hidden benefits of being bad
ISBN 978-957-13-6487-2(平裝)

1.自我實現 2.習慣

177.2　　104025738

ISBN 978-957-13-6487-2
Printed in Taiwan